국립
중앙
박물관

고고 지식 박물관 42

글 윤희정 | 그림 심가인

초판 1쇄 펴낸날 2010년 7월 30일
펴낸이 변재용 | **본부장** 조은희 | **편집책임** 김향수
기획 우리누리 | **편집** 이장원, 김지현 | **디자인** 이안디자인
마케팅 김병오, 박영준 | **홍보** 이대연 | **영업관리** 김효순 | **제작** 임기종, 안정숙
분해 (주)나모에디트 | **출력·인쇄** (주)삼조인쇄 | **제본** (주)선명제본
펴낸곳 (주)한솔교육 등록 제10-647호 | **주소** 413-756 경기도 파주시 교하읍 문발리 526-8
전화 02-3279-3897(편집), 02-3271-3406(영업) | **전송** 02-3279-3889
전자우편 isoobook@eduhansol.co.kr | **홈페이지** www.isoobook.com
북카페 cafe.naver.com/soobook
ISBN 978-89-535-6848-8 74030 · 978-89-535-3408-7 74030(세트) | **값** 8,500원

ⓒ 2010 우리누리 · (주)한솔교육
저작권법으로 보호받는 저작물이므로 저작권자의 서명 동의 없이
다른 곳에 옮겨 싣거나 베껴 쓸 수 없으며 전산장치에 저장할 수 없습니다.

한솔수북은 아이 마음을 아름답게 가꿔 주는 한솔교육의 단행본 출판 이름입니다.

GoGo 지식 박물관

용과 함께 깨어난 오천 년 우리 역사

국립 중앙 박물관

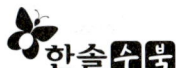
한솔수북

머리말

"다음 주에는 박물관 견학 갈 거야!"

선생님께서 이렇게 말씀하시면 한숨부터 푹 내쉬던 기억이 납니다. 솔직히 박물관 견학이나 역사 유적지로 소풍 가는 일은 썩 신 나는 일이 아니었어요. 줄지어 설명 듣는 일도 지루하고, 잘 알지도 못한 채 여기저기 돌아다니다 보니 다리만 아프기 일쑤였지요. 그건 어른이 되어서도 마찬가지였어요. '박물관은 지루한 곳'이란 생각이 저도 모르게 뿌리 깊이 박혀 있었나 봐요.

그러던 어느 날이었어요. 우연히 우리 미술 책을 보는데 화가들의 이야기와 그림에 저도 모르게 가슴이 쿵쾅거렸어요. 당장 장승업의 '영모화'가 보고 싶었고, 분청사기의 오묘한 빛깔을 두 눈으로 확인해 보고 싶었지요. 놀라운 것은 이런 작품들이 '국립중앙박물관'에 가면 언제든지 볼 수 있다는 사실이었어요.

'전에 국립중앙박물관에 갔을 때 왜 난 이 작품들을 못 봤지?'

그제야 저는 알았답니다. 관심이 없으니 눈앞에 작품을 두고도 그냥 쓱 지나쳐 버렸다는 사실을 말이에요. 그래서 저는 다시 국립중앙박물관을 찾았어요. 이번에는 보고 싶고 만나고 싶은 유물들을 가슴에 가득 품고 말이에요.

그래서인지 박물관의 작품들은 전처럼 허투루 보이지 않았어요. 책에서 본 것을 실제로 마주할 때의 기쁨이란, 생각보다 훨씬 더 큰 감동으로 다가왔어요.

이 책을 쓰면서 저는 다시 몇 차례 박물관을 찾았어요. 현장 학습 때문인지 아주 많은 어린이들이 박물관 견학을 하고 있었지요. 어떤 친구들은 진지하게, 또 어떤 친구들은 옛날의 저처럼 지루한 얼굴로 말이에요. 저는 이 책이 놀랍고도 재미있는 이야기를 가득 담고 있는 박물관으로 여러분을 이끄는 다리가 될 수 있으면 참 좋겠어요.

'책 속의 유물을 진짜로 만나 볼래!'

이런 마음이 든다면 아마 저보다 박물관의 유물들이 훨씬 더 기뻐할 거예요.

글쓴이 윤희정

차례

구석기, 박물관에 갇히다　10
용이 내 준 문제 네 가지　16

고고관 구석기실에서 신라실까지

고고관, 으뜸 유물을 뽑아라!　25
오리 토기에서 신라 토우까지　36
고래와 헤어지다　46

역사관 통일신라실에서 대외교류실까지

역사관, 가장 키 큰 유물을 찾아라!　53
토끼 수호신과 함께한 고려 여행　59
조선 시대 친구를 만나다　70
지도의 비밀　84

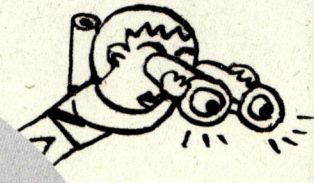

미술관 서예실에서 도자공예실까지

미술관, 문지기 용의 집을 찾아라! 95

부처님을 만나다 106

도공이 새긴 무늬 113

기증관 | 아시아관

하늘과 땅을 만든 신의 이름을 찾아라! 123

탑을 돌다 130

박물관을 나서며 133

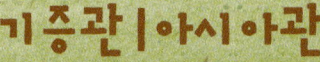

**국립중앙박물관에 있는
그 밖의 주요 국보와 보물** 136

나오는 사람들

구석기

행복초등학교 3학년 2반. 할아버지가 지어 주신 구수한(?) 이름에다 혼잣말로 중얼거리는 버릇이 있어서 아이들한테 놀림을 많이 받아요. 하지만 배짱도 두둑해 웬만해서는 기죽지 않지요. 그런데 큰일 났어요. 학교에서 박물관에 갔는데 잔머리를 쓰다 그만 박물관 안에 혼자 갇혀 버리고 말았어요. 게다가 박물관의 엄청난 비밀을 알아버리고 말았지요. 석기가 그 안에서 겪은 일은 과연 무엇일까요?

문지기 용

박물관 안에는 현재와 과거, 두 가지 시간이 함께 있어요. 용은 이 두 시간의 틈새를 지키고 있지요. 어느 날, 구석기라는 박물관에 갇힌 아이를 만나요. 알고 보니 석기는 박물관에는 관심이 조금도 없는 아이였어요. 용은 석기한테 박물관에 얽힌 문제 네 가지를 풀면 내보내 주겠다고 겁을 줘요. 과연 문지기 용의 계획은 생각대로 잘 이루어질까요?

고래

암각화에 새겨진 그림이에요. 언제나 고고관 어귀를 지키고 있다 보니 역사 지식도 제법 많이 갖춘 똑똑한 고래지요. 박물관 안을 자유롭게 헤엄치며 다닐 수 있어 석기의 고고관 안내를 맡아요.

혜진

조선 시대 양반집 여자 아이에요. 나이는 석기와 같고 책 읽기를 아주 좋아해요. 역사관을 돌아보던 석기와 우연히 만나 역사관 길잡이를 맡아요. 언젠가 다시 만날 약속을 하며 편지도 주고받아요.

김정희, 사색하는 노인, 게, 도공

모두 미술관에서 석기가 만나는 작품의 중심인물이에요. 이들은 박물관의 과거 시간이 열리면 자유롭게 움직일 수 있어요. 석기는 이들을 만나면서 우리 미술에 조금 더 눈을 뜨지요. 그 가운데서도 두 마리 게가 안내를 잘해 주어 석기는 아무 탈 없이 용이 내 준 문제를 풀어 나가요.

구석기, 박물관에 갇히다

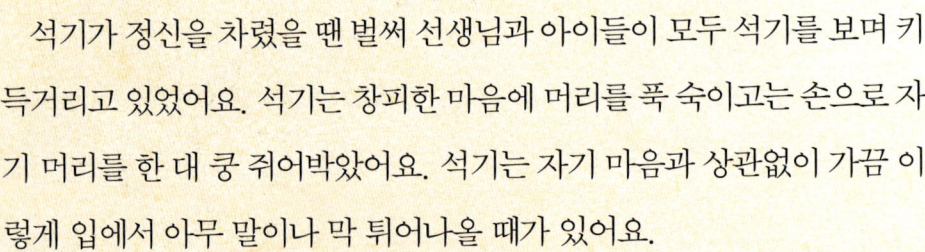

"아이, 말도 안 돼!"
 선생님 말씀이 채 끝나지도 않았는데 석기의 목소리가 교실 안에 쩌렁쩌렁 울렸어요. 혼자 조용히 중얼거린다는 게 그만 또 방심하고 만 거죠.
 "석기, 쟤 또 시작이다."
 "석기 얼굴 좀 봐. 완전 원시인이야. 하하!"
 석기가 정신을 차렸을 땐 벌써 선생님과 아이들이 모두 석기를 보며 키득거리고 있었어요. 석기는 창피한 마음에 머리를 푹 숙이고는 손으로 자기 머리를 한 대 쿵 쥐어박았어요. 석기는 자기 마음과 상관없이 가끔 이렇게 입에서 아무 말이나 막 튀어나올 때가 있어요.
 "석기야! 뭐가 말이 안 된다는 거야?"

선생님이 석기한테 다가와 씩 웃었어요.

"석기가 소풍을 엄청 기다린 모양이네. 아주 멋진 개인기라도 준비했나 본데 그건 다음에 보는 걸로 하자, 알았지? 날씨가 안 도와주는 걸 어떡해. 다음 주 소풍은 국립중앙박물관 체험 학습으로 바뀌었으니까 그리 알고!"

석기는 김이 새서 견딜 수가 없었어요.

'내가 얼마나 준비를 많이 했는데…….'

사실 석기는 소풍 때 보여 주려고 멋진 춤을 연습하고 있었어요. 순전히 같은 반 친구 혜진이한테 잘 보이려고 말이에요. 혜진이가 춤 잘 추기로 소문난 옆 반 민성이를 좋아한다는 소문을 들었거든요.

'혜진이가 내 춤을 보면 뿅 갈 텐데……. 에잇, 언제 보여 주지?'

석기가 입을 비쭉 내민 채 책가방을 챙겼어요. 그때였어요.

"야, 구석기! 다음 주면 조상님 만나겠네? 널 엄청 기다리실 텐데 그렇게 조상님 만나러 가는 걸 싫어하면 쓰나."

개구쟁이 호동이가 실실 웃으며 농담을 건넸어요.

'내 이럴 줄 알았어.'

석기가 더 괴로운 까닭은 사실 소풍 대신 가는 곳이 하필 박물관이라는 것이었어요. 석기는 이름 때문에 박물관이나 역사 전시관 같은 곳을 견학하러 갈 때마다 친구들한테 늘 이런 놀림을 받았어요.

구석기. 그건 바로 인류가 처음 만들어 쓴 도구이기도 하지만, 한편으로는 놀림의 역사를 만들어 낸 석기의 이름 석 자이기도 해요.

'할아버지께서는 왜 하필 내 이름을 이렇게 지으신 거야? 역사 공부를 하나도 안 하고 지으신 게 틀림없어. 아무리 '기' 자가 돌림이라고 해도 그렇지. 명기, 준기, 환기, 용기 이런 이름도 있잖아. 아니다! '변기' 라는 별명이 붙은 병기 형보다는 그나마 나은가?'

아무튼 그런 사연 때문에 석기는 박물관 견학이 가장 싫었어요. 지루하고 재미도 없고, 툭하면 이름 때문에 놀림이나 당하고! 석기는 투덜거리며 학교를 나와 곰곰이 생각했어요.

'박물관을 살짝 빠져나올 수 있는 좋은 방법이 뭐 없을까?'

그때 어떤 생각 하나가 번뜩 석기 머릿속을 스쳤어요. 석기 입에서는 또다시 큰 소리가 튀어나왔어요.

"그래, 그거야!"

곁에 있던 아이들이 모두 멀뚱히 석기를 바라보았어요. 석기는 멋쩍은 얼굴로 서둘러 발길을 집으로 옮겼어요.

드디어 박물관 체험 학습 날이 되었어요. 석기는 계획을 실행에 옮기기로 했어요. 방법은 간단했어요.

"선생님, 잠깐만 화장실에 좀……."

석기의 계획은 바로 화장실로 피해 숨어 있는 것! 혹시나 석기가 오래도록 되돌아오지 않아 선생님이 친구 하나를 화장실로 보낸다면?

"석기야!"

"어, 나 끙……. 나 여기 있어! 변……, 끙……, 변비라서 말이야!"

그렇게 똥을 누는 척하며 친구를 돌려보낸 다음, 변기 위에 앉아 게임기를 갖고 노는 거지요.

'역시 난 천재야, 천재! 원시인 별명이나 듣기에는 아까운 인재지.'

석기의 계획은 어쩐 일인지 착착 풀려 갔어요. 석기는 변기 뚜껑을 덮고 그 위에 앉아서는 게임기를 꺼냈어요. 게임기 누르는 소리는 화장실 물 내리는 소리, 사람들 소리에 묻혀 밖에서는 하나도 안 들렸어요. 정말 완벽했어요.

그런데 그때부터 갑자기 이상한 일들이 벌어졌어요. 늘 옆 얼굴만 보이는 게임 캐릭터가 갑자기 석기 쪽으로 고개를 획 돌리더니 이렇게 말하는 게 아니겠어요?

"한심하군!"

석기는 깜짝 놀라 두 눈을 몇 번씩이나 껌벅거리고는 다시 게임기를 들여다보았어요. 캐릭터는 아무 일 없었다는 듯이 제대로 움직이고 있었어요.

'거 참 이상하네. 내가 잘못 봤나?'

두 번째 이상한 일은 화장실 천장에서 일어났어요. 한창 게임을 하던 석기 머리 위로 무언가 액체 한 방울이 똑 떨어졌어요. 그러자 석기의 눈꺼풀이 돌덩이를 매단 것처럼 무거워졌어요.

'아이, 왜 이렇게 졸리지?'

게임기 캐릭터들이 커졌다 작아졌다 희미해졌다 뚜렷해졌다 되풀이하더니 어느새 석기는 그만 잠에 곯아떨어지고 말았어요. 하지만 뭐 거기까지는 괜찮았어요. 전시 설명을 듣고 있을 친구들이 돌아오려면 아직 시간이 한참 남았으니까요. 문제는 그 다음부터였어요.

도대체 얼마나 시간이 흘렀을까요? 그건 석기가 살아오면서 겪은 가장 황당한 사건이었어요. 화장실에서 졸던 석기가 눈을 뜨자, 아뿔싸! 벌써 박물관 문이 닫힌 컴컴한 밤이었던 거예요.

"아아, 어떻게 이런 일이! 잔머리 굴리다 쫄딱 망했어."

석기는 너무 어이가 없었어요. 그리고 무서웠어요. 한번 상상해 보세요. 관람객들이 썰물처럼 빠져나가고 불이 모두 꺼진 커다란 박물관. 혼자서 그 고요한 박물관의 화장실에 갇힌 걸 깨달았을 때의 그 공포감을 말이에요. 석기는 다리를 덜덜 떨면서 천천히 화장실에서 나갔어요.

"사, 살려주세요!"

그렇게 제멋대로 잘 나오던 목소리도 꽉 막혀 나오지 않았어요. 석기는 갑자기 엄마가 보고 싶었어요. 친구들도 선생님도 모두 그리웠어요. 후회와 설움과 공포가 뒤섞인 눈물이 터진 봇물처럼 콸콸 흘러나왔어요.

'왜 나만 두고 갔어. 왜? 엉엉…….'

바로 그때였어요. 갑자기 눈앞이 환하게 밝아오는 듯하더니, 바로 코앞에서 낯선 소리가 들렸어요.

"넌 누구냐?"

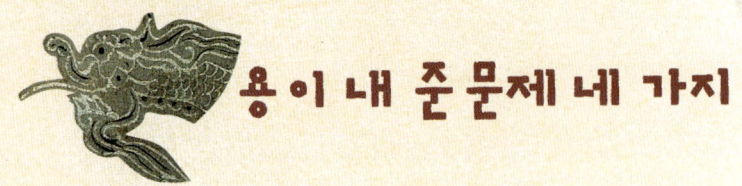

용이 내 준 문제 네 가지

석기는 선뜻 눈을 뜰 수가 없었어요. 온몸이 오들오들 떨렸어요. 그 소리는 아무리 생각해도 사람 목소리가 아니었거든요. 그건 뭐랄까, 마치 영화에 나오는 기계로 만든 괴물들의 목소리 같았어요.

석기는 마른 침을 꼴깍 삼키며 용기를 내 천천히 눈을 떴어요. 석기는 심장이 멎는 줄 알았어요. 바로 눈앞에 눈부시게 빛나는 어떤 커다란 물체가 석기 둘레를 휘감고 있었어요.

무시무시하게 생긴 얼굴, 입에서 뿜어져 나오는 불 같은 기운, 기다란 수염과 등에 꼿꼿이 선 비늘, 무엇이든 다 할퀴어 버릴 것만 같은 발과 끝도 보이지 않을 만큼 길게 늘어뜨린 몸체.

'용이다!'

그건 분명 책에서나 보던 용이었어요. 수다쟁이 석기도 이 순간만큼은 입을 옴짝달싹할 수가 없었어요. 놀라서 오줌을 안 싼 것만 해도 다행

인 일이었죠.

어느새 눈부시던 빛은 서서히 잦아들었어요. 용이 다시 천천히 물었어요.

"누구냐고 묻지 않았느냐?"

"난, 아니 전……, 구석기예요. 행복초등학교 3학년 2반. 난, 아니 전 그저 박물관 화장실에 숨어 있었을 뿐이에요. 정말 다른 나쁜 짓은 안 했어요! 정말이에요."

용은 기다란 몸통을 크게 한 번 출렁였어요.

"내일은 우리 박물관이 쉬는 날이야. 이제부터는 박물관의 다른 시간이 열리지. 그런데 너 같은 사람이 아직 이곳에 남아 있는 건 말이 안 돼."

용은 공중에 떠돌던 여의주를 확 낚아채더니 그 속을 골똘히 들여다보았어요. 그 안에는 박물관에서 딴짓을 하던 석기의 모습이 텔레비전처럼 나타나고 있었어요.

"선생님 설명은 안 듣고 화장실에 몰래 숨어 있었군."

"하지만 잘 보세요. 정말 다른 허튼짓은 안 했잖아요. 그러니 어서 내보내 주세요!"

석기의 말에 용은 안타깝다는 얼굴로 고개를 저었어요.

"박물관에는 두 개의 시간이 존재하지. 하나는 현재를 살아가는 시간, 그리고 현재의 문이 닫히면서 과거가 살아나는 시간이야. 사람들은 보통 그날을 '휴관일'이라고 말해. 박물관이 쉬는 날, 그날은 바로 우리 유물들의 역사가 깨어나는 시간이야. 그걸 네가 방해한 거라고! 두 시간의 틈새에서 과거의 시간을 지키는 게 바로 내가 하는 일인데 과거의 시간에 현재 사람이 들어오다니……. 우리 유물들만의 비밀을 알아버린 널 그대로 내보내 줄 순 없어!"

용의 말에 석기는 눈물을 터뜨리고야 말았어요.

"제발 보내 줘요! 보내 달라고요! 절대로 밖에 나가서 아무 말 안 할게요. 약속해요!"

석기를 뚫어져라 바라보던 용은 무언가 골똘히 생각했어요. 그렇게 한참 시간이 흘렀어요. 문지기 용은 갑자기 석기한테 둘둘 말린 종이를 내밀었어요.

"잘 들어! 네가 이곳을 탈 없이 빠져나가려면 우리 박물관에 얽힌 문제들을 풀어야 한다. 네가 다행히 답을 모두 맞히면 과거의 시간에서 곧 내보내 줄 거야. 하지만 답을 못 맞힌다면……."

석기는 눈을 커다랗게 뜨고 다음 말을 기다렸어요.

"못 맞히면요?"

"답을 못 맞히면 영원히 과거의 시간에 갇히게 될 거야. 이름이 구석기라고 했나? 이왕이면 이름 그대로 구석기 시대에 머물게 해 주지! 흐흐."

농담인지 진담인지 용은 슬쩍 웃음을 흘렸어요. 하지만 석기는 이름 갖고 장난친다고 소리칠 겨를도 없었어요. 석기는 무턱대고 고개를 끄덕였어요.

'어떻게든 여기서 나가야 해!'

석기는 심장이 펄떡펄떡 뛰는 걸 느꼈어요. 석기는 떨리는 맘으로 돌돌 말린 종이 뭉치를 천천히 펼쳤어요. 그러자 종이 위에 글자 한 줄이 나타났어요.

고고관 문제 : 고고관 으뜸 유물을 뽑아라!

석기는 고개를 갸웃거렸어요.

"이게 문제예요?"

그러자 문지기 용은 처음보다 훨씬 더 부드러운 얼굴로 말했어요.

"아주 쉽지? 박물관 안은 여러 전시실로 나뉘어 있어. 가장 처음 보는 곳이 바로 1층의 고고관이야. 구석기 시대부터 신라까지 역사를 만날 수 있는 곳이지. 마침 고고관에서는 오늘 으뜸 유물 선발 대회를 연단다. 우리도 박물관 안에만 있다 보니 재미있는 사건이 필요하거든. 그런데 말이다, 심사위원을 두고 내내 걱정이 많았단다."

그제야 석기는 깜짝 놀란 눈으로 되물었어요.

"그러니까 저더러 심사위원이 되어 으뜸 유물을 뽑으란 말인가요?"

"바로 그거야! 보기보다는 꽤 똘똘한걸? 우리끼리 대결하고 뽑는 건 어쩐지 좀 재미가 없어. 유물에 아무런 관심도 지식도 없는 너 같은 사람이 심사위원을 맡으면 뭔가 새로운 기준으로 유물을 보지 않을까 하는 생각이 드는구나."

"그럼 제 맘대로 뽑아도 된다, 이 말이죠?"

용은 처음으로 활짝 웃으며 대답했어요.

"물론이지!"

석기는 걱정하던 마음이 싹 달아났어요.

'이쯤이면 어려운 문제도 아니잖아? 유물을 구경하는 게 좀 지루하겠지만 그래도 내 맘대로 뽑으면 되니까! 빨리 끝내고 여길 나가야지.'

석기는 용의 말에 고개를 끄덕였어요. 용은 한마디를 덧붙였어요.

"전시관 한 곳이 끝날 때마다 늘 새로운 문제가 다시 종이에 나타날 거야. 넌 종이에 답을 모두 채운 다음 이곳으로 돌아와서 날 찾으면 돼. 그럼 행운을 빌어, 친구!"

용은 눈앞에서 스르르 사라졌어요. 두려움과 공포는 어느새 사라지고 석기는 이 일이 점점 흥미로울 것 같다는 생각이 들었어요. 마치 재미있는 게임기 속에 들어온 캐릭터가 된 기분이랄까요?

"가만, 그런데 고고관은 어디로 가는 거야?"

열린 마당

석기가 갇힌 박물관을 알아보자!

국립중앙박물관은 우리나라 역사를 한눈에 꿸 수 있는 아주 소중한 유물들을 전시하고 있는 곳이에요. 15만 점에 이르는 소장품을 전시, 연구하는 것은 물론 중국, 일본, 베트남 같은 동아시아 문화까지 아울러 세계 6대 박물관의 규모를 자랑하지요.

오늘날 국립중앙박물관은 서울 용산에 있지만 처음부터 지금 자리에 세워진 건 아니에요. 국립중앙박물관은 기나긴 우리 역사만큼이나 참 많은 우여곡절을 겪었어요.

국립중앙박물관은 1915년 일본이 경복궁 안에 만든 '총독부박물관'에 뿌리를 두고 있어요. 총독부박물관은 광복 뒤인 1945년 12월 '국립박물관'이란 이름으로 새롭게 태어났지요. 그 뒤 6·25 한국전쟁이 일어나 부산으로, 그리고 다시 남산과 덕수궁을 거쳐 1972년 드디어 경복궁 안에 박물관 건물을 지어 자리를 잡았어요. 1986년에는 중앙청 건물(옛 조선총독부 건물)로 자리를 옮기기도 했는데, 이때 많은 사람들이 이렇게 비판을 했어요.

"우리 겨레의 귀한 유물을 일제 강점기 식민 통치의 상징인 조선총독부 건물에 머물게 해서는 안 된다!"

마침내 이를 받아들인 정부는 국립중앙박물관을 옮기기로 하고 2005년 서울 용산에 지금의 박물관을 지어 새롭게 문을 열었어요.

기획 전시관
어린이 박물관
대극장 '용'

표 파는 곳

미르못

고고관, 으뜸 유물을 뽑아라!

　박물관 1층은 고고관과 역사관으로 나뉘어 있어요. 석기는 자기도 모르게 먼저 고고관으로 들어갔어요. 박물관 전시실에 들어오면 누구나 이곳을 가장 먼저 거쳐가게 짜여 있거든요. 들어가자마자 석기는 커다란 그림을 만났어요. 바로 어귀에 걸린 '울산 반구대 암각화'였어요.
　"안녕! 고고관에 온 걸 환영해!"
　암각화 속 고래 한 마리가 꿈틀거리며 말했어요. 유물들이 살아나는 시간, 석기는 용이 한 말이 사실이란 걸 깨닫고 가슴이 콩닥거렸어요.
　암각화 속 고래는 실제 고래처럼 우람한 몸집은 아니었어요. 오히려 작은 생선처럼 귀여워 보이기까지 했지요. 고래는 그림 속을 빠져나오더니 석기를 앞질러 고고관 안쪽으로 쓱쓱 헤엄쳐 갔어요. 마치 자신을 따라오라는 것 같았어요. 석기는 숨을 크게 한번 들이쉰 다음 고래 뒤를 쫓아갔어요.

국립중앙박물관에 있는 울산 반구대 암각화 모형

✱ 암각화가 뭘까?

종이가 없을 때 사람들은 어디에 그림을 그렸을까요? 아주 오랜 옛날, 사람들은 바위에 그림을 새겼어요. 도구가 발달하지 않은 선사 시대, 사냥은 무척 힘든 작업이었어요. 그래서 하늘의 신에게 사냥을 잘하게 도와달라며 기도하는 마음으로 그림을 그린 거예요. 이와 같이 바위에 새긴 그림을 '암각화'라고 해요.

암각화에는 호랑이, 사슴, 멧돼지, 토끼와 같은 육지 동물과 거북, 물고기, 고래와 같은 바다 동물이 주로 그려져 있어요. 또한 활을 들고 사냥하는 모습, 배 타는 모습, 하늘에 주문을 외우는 주술사와 같이 그때 삶을 엿볼 수 있는 다른 그림들도 남아 있어요.

위 그림을 자세히 들여다보면 그물이나 작살로 사냥하는 모습을 볼 수 있어요. 학자들은 이렇게 무기를 자유롭게 만들어 쓴 것으로 보아 이 암각화가 그려진 시기를 청동기 시대 즈음일 거라 추측해요.

반구대 암각화(국보 285호) 실제 모습

고고관 첫 전시실은 바로 구석기실이었어요. 어귀에 '구석기실'이라고 쓰인 글씨를 보자 석기는 갑자기 피식 웃음이 터지고 말았어요.

"왜 그래?"

고래가 어리둥절한 눈으로 석기를 바라봤어요.

"사실은 내 이름이 구석기거든. 어때, 이만하면 고고관 유물 대회 심사 위원으로 자격이 충분하지?"

고래도 끙끙 이상한 소리를 내며 웃었어요.

"그런데 여긴 죄다 돌밖에 없네? 이걸 어떻게 심사하라고……"

"잘 봐. 이건 그냥 돌이 아니야."

석기의 마음을 꿰뚫어 보기라도 한 듯, 어디선가 두 남자가 주먹도끼와 화살촉을 들고 나타났어요. 석기는 움찔했어요.

"서, 설마, 그걸로 날 어떻게 하려는 건 아니죠?"

그러자 고래가 석기의 어깨를 톡톡 두드려 주었어요.

"걱정 마. 이제부터 유물대회 후보들을 소개할 테니까! 넌 지금 이 대회 심사위원이야. 아무도 널 해치지 않아."

"그, 그렇지?"

석기가 다시 목에 힘을 주자, 주먹도끼를 든 남자가 갑자기 도끼를 번쩍 들며 소리쳤어요.

"후보 1번! 으뜸 유물은 누가 뭐라 해도 인류가 처음 쓴 도구, 주먹도끼지! 자, 봐라. 옛날에는 이렇게 단단한 돌로 도구를 만들어 썼단다."

그러고는 도끼 만드는 과정을 보여 줬어요. 남자는 큰 돌을 다른 돌로 힘껏 내리쳤어요. 그러자 돌이 깨지면서 뾰족한 돌이 나왔어요.

"바로 이걸 '뗀석기'라고 말해. 이렇게 돌에서 떼어 낸 것들 가운데 날카로운 부분을 도구로 쓰지. 이때 나온 돌 조각에서 날이 있는 곳을 골라 동물의 뼈나 뿔로 더 작게 눌러 떼어 내기도 했단다. 그리고 자루에 달아서 창처럼 찌르는 도구로 썼어. 이런 건 슴베찌르개라고 하지."

그러자 이번에는 옆에 창을 들고 서 있던 남자가 말했어요.

"후보 2번! 으뜸 유물은 '간석기'야. 우리 신석기 시대 사람들은 돌을 갈아서 훨씬 더 정교한 도구를 만들어 썼어. 작살, 그물추, 화살촉, 창끝처럼 낚시나 사냥을 할 때 쓰는 도구와 돌괭이, 돌낫 같은 농사 도구, 갈돌이나 갈판 같은 생활 도구 모두모두 돌이나 뼈를 갈아서 썼단다. 그 모양이 아주 섬세해서 구석기 때 쓰던 뗀석기와는 견줄 수도 없지."

신석기 남자의 목에 힘이 잔뜩 들어가 있는 게 보였어요. 하지만 석기는 이름 때문인지 괜히 구석기 유물에 더 마음이 끌렸어요.

"뭐든지 처음 시작이 중요한 거 아니에요?"

후보 2번 간석기!

석기는 괜히 심드렁하게 한마디 내뱉었어요. 신석기 남자는 부리부리한 눈을 끔뻑이며 어이없다는 듯 석기 얼굴을 바라봤어요.

'이거 생각보다 쉬운 일이 아닌걸?'

그때 저쪽 움집에서 한 아주머니가 석기를 보고는 손을 흔들며 말했어요.

"애야, 여기 와서 나 좀 도와줄래?"

석기는 고래와 함께 아주머니한테 다가갔어요. 아주머니가 갈돌과 갈판을 보여 주면서 말했어요.

"유물 대회가 열리는 날이라 아주 바쁘구나. 맛 좋은 도토리 죽을 쑤어줄 테니 이걸 좀 갈아 다오."

도토리 죽이라는 말에 석기는 침을 꼴깍 삼켰어요. 아주머니가 부탁한 대로 석기는 갈판에 도토리를 올려놓고 갈돌로 갈았어요. 그러는 사이 아주머니는 끝이 뾰족한 토기에 불을 지펴 물을 끓였어요.

 마침내 그릇 안에서 도토리 죽이 보글보글 끓었어요. 석기는 아주 따끈한 죽을 맛있게 먹었어요. 그 모습을 물끄러미 바라보던 아주머니가 가만히 입을 열었어요.

 "이번에 후보에서 탈락하긴 했지만 말이야, 내 생각에 우리 고고관 으뜸 유물은 바로 저 빗살무늬토기라고 생각해. 신석기 시대로 넘어오면서 농사를 짓다 보니 먹을거리를 담거나 익혀 먹는 데 그릇이 필요했지. 그래서 우리는 흙을 빚어 불에 구워 그릇을 만들었어. 처음에는 바깥 면에 진흙 띠를 둘러 꾸몄는데, 요즘은 저렇게 선을 그어 무늬를 새겨 넣고 있지. 저런 그릇을 '빗살무늬토기'라고 한단다."

석기는 새삼 빗살무늬토기를 골똘히 바라봤어요.

'그릇 모양이 참 이상하게 생겼네. 밑은 왜 저렇게 뾰족하지?'

석기가 아주머니한테 궁금한 것을 물어보려던 그때, 고래가 꼬리로 석기를 툭 치며 말했어요.

"어이, 친구! 얼른 가야지. 아직도 봐야 할 유물이 아주 많단 말이야."

"아, 참. 그렇지."

석기는 아주머니한테 인사를 할 겨를도 없이 '청동기·고조선실'로 발걸음을 옮겼어요.

"이번에는 누가 나올까?"

석기가 말을 마치자마자 사람 모습은 안 보이고 어디선가 탕탕거리는 소리만 들렸어요.

"어디서 나는 소리야?"

석기는 고개를 두리번거렸어요.

"여기야, 여기!"

고래가 소리 나는 곳을 찾아 꼬리를 흔들었어요. 그곳은 '농경문 청동기'라고 적힌 유물 앞이었어요. 자세히 보니 그 안에 밭을 가는 남자가 새겨져 있었어요. 남자는 농기구를 들고 일을 하고 있었지요.

"내가 후보 3번이야! 청동기 시대 으뜸 유물이라면 날 빼놓을 수 없지. 보라고. 이제야 비로소 금속의 시대가 활짝 열린 거야. 우린 이런 청동이나 철을 자유롭게 다루어서 도구를 만들 줄 알았단 말이야. 내가 들고 있는 건 '따비'라고 해. 풀 뿌리를 뽑거나 밭을 갈 때 쓰는 농기구지. 정말 멋지지?"

✱ 농경문 청동기

신석기 시대부터 시작한 농사일은 청동기 시대에 들어 더욱 크게 발전했어요. 조, 보리, 콩과 같은 작물뿐 아니라 요즘 우리가 주식으로 먹는 쌀농사도 청동기 시대에 처음 나타났지요. 사람들은 강을 낀 얕은 산처럼 농사를 짓기 편한 곳에 모여 이전보다 큼지막한 마을을 이루고 살았어요. 그러다 보니 한 해 농사가 잘 되기를 비는 제사를 아주 중요한 의식으로 여겼어요.

농경문 청동기에 새겨진 그림을 자세히 보면, 머리채가 긴 사람이 따비를 들고 밭고랑으로 보이는 곳에서 농사일을 하고 있는 걸 알 수 있어요. 학자들은 이 농경문 청동기가 농사가 잘 되길 바라는 마음으로 제사 때 쓴 도구가 아닐까 짐작하고 있어요.

후보 3번
농경문 청동기!

"우아, 그럼 이제 드디어 농사일에 돌멩이를 안 써도 되는 시대가 왔군요!"

석기가 말을 꺼내자 갑자기 아저씨 얼굴이 어두워졌어요.

"네가 그런 말을 하니 아저씨가 좀 부끄럽구나. 우린 주로 청동을 칼과 같은 전쟁 무기를 만드는 데 썼어. 농사일에는 여전히 돌이나 나무로 만든 농기구를 썼단다."

"왜 그랬죠?"

"청동은 재질이 물러서 농기구를 만들어도 땅을 파기가 힘들었거든. 무엇보다 아주 귀하고 비싼 탓에 힘센 부족장들이나 만질 수 있었지. 청동검은 권력의 상징이었어."

✱ 청동기 문화를 바탕으로 태어난 나라, 고조선

청동이 권력자들의 무기나 상징물로 쓰이면서 커다란 세력이 만들어지고, 마침내 이전 시기에는 없던 '국가'가 생겨났어요. 고조선은 바로 그런 바탕 위에서 우리 땅에 처음 세워진 나라예요.

고조선은 단군왕검이 중국의 요령 지방과 한반도 서북쪽의 여러 부족들을 통합해서 세운 나라예요. 단군왕검에서 단군은 '하늘에 제사를 지내는 사람'이란 뜻이고, 왕검은 '정치 지도자'를 뜻해요. 이런 이름으로 미루어 보아 고조선은 지배자가 하늘에 제사도 지내고 정치도 맡아 하는 '제정일치' 사회였음을 알 수 있어요.

비파형 청동검

"권력의 상징?"

"그래, 이제 곧 이 땅에도 아주 센 권력이 나타나 번듯한 나라를 세울 거야. 오늘 내 설명은 여기까지. 멋진 유물 여행 하기를 빌어!"

"아저씨, 아저씨!"

석기가 미처 붙잡을 틈도 없이 아저씨는 다시 농경문 청동기 안으로 들어갔어요.

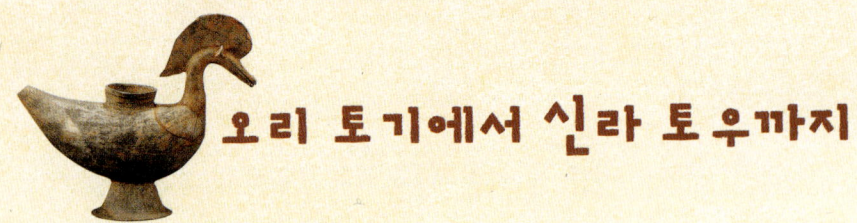
오리 토기에서 신라 토우까지

다음 전시실 어귀에는 '부여·삼한실'이라고 쓰여 있었어요.
"부여, 삼한실? 삼국 시대 말고 삼한은 뭐지?"
역사 지식이 별로 없는 석기가 고개를 갸웃거리자, 고래가 지느러미를 살랑거리고는 잘 들어보라는 얼굴로 입을 열었어요.
"고조선이 멸망하고 난 뒤, 만주와 한반도에는 철기 문화를 바탕으로 여러 나라들이 나타났어. 만주 송화강 기슭의 넓은 평야에선 부여가, 졸본 지방에서는 부여에서 내려온 주몽이 고구려를 세웠지. 오늘날 함흥 지역에는 옥저가, 강원도 땅에는 동예가 나타났어. 그리고 남쪽에서는 삼한, 그러니까 마한·진한·변한이 나라 꼴을 갖추었지. 흔히들 알고 있는 고구려, 백제, 신라 삼국 시대가 펼쳐지기 이전 시대가 바로 이때야."
"가만, 우리가 벌써 청동기 시대에서 철기 시대로 넘어온 거야?"
"맞아. 이 시기에는 철로 만든 무기가 많이 생겨 부족들 사이에 전쟁이 자주 일어났어. 전쟁에서 이긴 세력이 점점 땅을 넓혀 가면서 이렇게 여러 나라들이 생겨났지."

"음, 서당개 삼 년이면 풍월을 읊는다더니 고고관에 늘 있다 보니 역사 지식도 제법인걸?"

그러자 이번에는 고래가 고개를 갸우뚱거렸어요.

"서당개 삼 년에 풍월? 그게 무슨 뜻이야?"

"유식한 줄 알았더니 이것도 몰라? 하나는 알고 둘은 모르네. 헤헤."

석기는 어깨를 한 번 으쓱해 보였어요. 그렇게 둘이 티격태격하는 동안 어디선가 오리 한 마리가 뒤뚱거리며 다가왔어요.

"어유, 이제야 왔군. 어찌나 목이 빠져라 기다렸는지 내 목이 조금 더 길어진 것 같군."

그건 자세히 보니 오리가 아니라 오리 모양의 토기였어요.

"그럼 네가 후보 4번?"

오리 모양 토기를 본 석기와 고래가 한 목소리로 물었어요. 토기는 당연하다는 듯 고개를 끄덕였어요.

"바로 내가 바로 삼한 시대를 대표하는 후보 오리 모양 토기야! 어때? 이전에 본 토기와는 다르게 아주 섬세하지? 이때부터 물레나 가마로 토기를 만들었기 때문이야. 이맘때 사람들은 새가 죽은 이의 영혼을 하늘로 이끈다고 생각했어. 그래서 새 뼈나 깃털을 무덤 속에 함께 넣었지. 그러다 3세기쯤부터는 토기를 새나 오리 모양으로 만들어 무덤 속에 함께

묻어 주었어. 그러니 내가 어디서 왔는지 알겠지?"

말을 마친 오리 모양 토기는 몸을 뒤로 기울였어요. 그러자 꼬리 쪽에 놓인 구멍에서 앞에 놓인 잔으로 또르르 물이 떨어졌어요.

"자, 마셔."

마침 물이 필요하던 고래는 덥석 잔을 들더니 온몸에 쏟아 부었어요.

"아, 시원해."

고래는 다시 기운이 나는지 공중에서 펄떡거렸어요. 석기는 잔을 들고는 의심스러운 눈초리로 물었어요.

"이게 무슨 물이야?"

"글쎄. 죽음도 이길 수 있는 영혼의 물이라고나 할까?"

석기는 용기를 내어 잔을 들었어요. 그러고는 꿀꺽 물을 들이켰어요. 그러자 참 신기한 일이 일어났어요. 갑자기 몸이 가벼워지면서 피곤이 싹 사라지는 것 같았어요.

"나, 한 가지 부탁이 있는데……."

"뭐야, 물 한잔 주더니 뭔가 바라는 게 있었군!"

"뭐, 어려운 건 아니야. 여기 오는 사람들이 보통 삼국 시대 유물만 많이 보고 가 버려서 서운했거든. 우리 부여, 삼한실도 꼼꼼하게 좀 봐 달라고. 궁금한 게 있으면 무엇이든 물어봐. 오늘은 나도 길잡이가 되어줄 테니 말이야."

석기는 오리 토기와 고래와 함께 물에 둥둥 떠다니는 듯한 기분으로 전시실을 돌아봤어요. 그런데 가만 보니 '말갖춤'이란 말이 아주 자주 나왔어요.

"말갖춤? 이건 처음 들어보는 말인데……."

그러자 오리 토기가 기다렸다는 듯 입을 열었어요.

"말갖춤은 말을 다루는 데 필요한 물품을 일컫는 말이야. 재갈, 굴레, 고삐, 안장, 발걸이, 가슴걸이, 뒤걸이, 말 꾸미개와 같은 것들이 있지. 말은 전쟁에 없어서는 안 될 동물이었어. 철기 시대에 말갖춤이 크게 발달한 건 그만큼 이 시기에 전쟁이 많이 일어났다는 뜻이기도 해."

"우아, 설명이 아주 귀에 쏙쏙 들어오는데?"

"호호. 내 부탁을 들어준 보답이야. 철로 만든 도구들이 꽤 멋지지? 이제 다음 전시실에 가면 삼국 시대가 펼쳐질 거야. 고래야, 우리 친구 끝까지 안내 잘해 주렴!"

인사를 마친 오리가 뒤뚱뒤뚱 멀리 사라졌어요. 석기와 고래는 그렇게 부여, 삼한실을 지나 드디어 삼국 시대 첫 전시실인 고구려실로 넘어왔어요.

'고구려라면 내가 좀 아는 유물이 후보로 나오겠지? 고구려 시대에는 어떤 유물이 많이 알려졌더라?'

후보 5번 짐승얼굴무늬 수막새!

석기는 혼자 이런저런 생각을 해 보았어요. 예전에 텔레비전에서 본 멋진 사신도나 벽화에서 본 활 쏘는 남자를 떠올려 보았죠. 그때 어디선가 아주 우렁찬 목소리가 울려 퍼졌어요.

"환영하네. 우리 전시실에 온 걸 말이야."

그 목소리는 어찌나 큰지 전시실 안을 쩌렁쩌렁 울리고도 남았어요. 석기는 고개를 두리번거리며 소리가 나는 곳을 찾았어요.

"여기야, 여기!"

석기는 오른쪽으로 고개를 돌렸어요. 누군가 부리부리한 눈으로 석기를 뚫어져라 바라보고 있었어요. 바로 '짐승얼굴무늬 수막새' 였어요.

"아이고, 깜짝이야!"

"무서워하지 마. 인상은 저래도 성격은 아주 좋아."

어느새 석기 주머니에 들어가 있던 고래가 고개를 쏙 내밀며 말했어요.

"너도 덜덜 떠는 것 같은데?"

그 말에 부끄러웠는지 고래 얼굴이 발그레해졌어요.

"사실은 나도 볼 때마다 무서워."

기와에 새겨진 짐승은 여전히 쩌렁쩌렁한 목소리로 자기를 소개했어요.

"난 고구려의 수막새야. 수막새라는 말이 낯설지? 보통 한쪽 끝이 둥글거나 반달 모양인 기와라고 알고 있으면 돼. 고구려는 삼국 가운데 가장 먼저 세력을 널리 떨친 나라야. 그래서 건축 문화도 그 어느 나라보다 앞서 발전해 나갔지. 왕궁이나 관청 그리고 절과 같은 중요한 건물은 기와지붕을 만들어 화려하게 장식했어. 삼국 가운데 가장 먼저 기와를 만들어 쓴 나라가 바로 고구려지. 고구려 기와는 선이 굵고 입체감이 강한 것이 특징이야. 4세기 후반 불교가 들어오면서 연꽃무늬 수막새가 널리 퍼졌지. 그 뒤 나쁜 기운을 쫓아내려는 뜻으로 나처럼 생긴 짐승 얼굴 무늬나 넝쿨무늬와 같은 여러 무늬의 기와를 만들어 다른 나라에 많은 영향을 주었어."

"역시 고구려답게 유물도 아주 힘이 넘치는군."

수막새의 힘찬 설명에 감탄을 내뱉는 석기와는 달리, 고래는 왠지 오줌이라도 마려운 듯 초조해 보였어요.

"자자, 어서 다음 백제와 신라실로 넘어가야지!"

"하하. 고래, 너 정말 겁쟁이구나?"

석기는 눈으로만 찡긋 수막새한테 인사를 하고 고래를 따라 발걸음을 옮겼어요.

그런데 여기서 난감한 일이 벌어지고 말았어요. 백제실과 신라실에서 도저히 하나만 내세울 수 없다며 후보를 둘씩이나 내보냈지 뭐예요?

백제실 유물 후보

백제는 한강, 금강 같은 큰 강과 드넓은 평야를 끼고 있어 일찍부터 살기가 좋았어요. 철기와 농경 문화가 발달하고, 중국의 앞선 문화를 받아들이기에도 좋은 위치였지요. 그런 덕분에 백제는 다른 나라보다 일찍 문화 예술이 발달했어요. 삼국 가운데 가장 섬세하고 우아한 문화를 자랑했지요.

1. 관 꾸미개

화려하고 우아한 백제 예술의 으뜸은 뭐니 뭐니 해도 금속공예예요. 금으로 만든 이 관 꾸미개는 충남 공주 무령왕릉에서 나왔어요. 왕의 관 꾸미개(오른쪽, 국보 154호)는 화려한 불꽃 사이에서 꽃 넝쿨이 하늘로 쭉쭉 뻗어 올라간 듯하고, 왕비의 관 꾸미개(왼쪽, 국보 155호)는 덩굴 무늬와 불꽃 무늬가 어울려 아름다운 꽃봉오리 하나를 보는 듯해요.

2. 산수무늬 벽돌

백제 예술이 얼마나 섬세한지 잘 나타내 주는 벽돌이에요. 벽돌에 새겨진 무늬를 자세히 보면 아랫부분에는 물이 흐르고, 가운데에는 산봉우리가 겹겹이 이어지고 있어요. 산봉우리마다 소나무가 숲을 이루고 있지요. 위로는 신비스러운 구름이 두둥실 떠 있어 마치 금방이라도 신선이 내려올 것만 같아요. 백제 사람들은 이런 자연 속에서 영원히 살기를 꿈꾸었나 봐요.

신라실 유물 후보

신라는 삼국 가운데 가장 늦게 발전한 나라예요. 하지만 이웃 나라인 가야를 정복하면서 점점 그 세력을 키워 나갔지요. 신라는 흔히 '황금의 나라'로 알려져 있어요. 금이 많이 났고, 금을 다루는 기술도 아주 뛰어났거든요.

1. 금관

신라를 대표하는 이 화려한 금관은 경주 황남대총에서 나온 유물(국보 191호)이에요. 나뭇가지 세 개와 사슴뿔 모양 장식을 관테의 안쪽에 덧대고, 여러 무늬와 옥 장식으로 화려함을 더했지요. 학자들은 이런 금관을 신라 왕들이 실제로 쓰고 다니지는 않았을 거라 보고 있어요. 왕이 죽은 다음 장례식 때 쓰지 않았을까 추측하고 있어요.

2. 토우

신라에는 금빛이 번쩍번쩍한 화려한 유물뿐만 아니라, 마치 어린아이가 빚은 것처럼 볼품없는 흙 인형도 있어요. 보통 서민들이 삶 속에서 만든 작품이라 그 어떤 예술품보다 생명력이 넘치고 정이 가지요.
토우는 흙으로 만든 작은 인형을 말해요. 주로 사람, 동물, 생활 도구 같은 것을 본떠 만들었어요. 신라 토우를 보면 그때 사람들의 느긋하고 익살스러운 모습을 상상해 볼 수 있어요. 소박하면서도 솔직한 표현이 보기만 해도 입가에 웃음을 짓게 해요.

아기를 낳는 여인 토우

주검 앞에서 슬퍼하는 여인 토우

위 사진의 두 토우를 보세요. 탄생과 죽음의 순간을 순박하게 흙으로 빚어 냈어요. 이런 토우들은 주로 무덤 껴묻거리로 쓰였어요. 껴묻거리는 장사를 지낼 때 죽은 사람과 함께 무덤에 넣는 물건을 말해요.

토우 장식 항아리(국보 195호)

활 쏘는 토우

장식 토우는 접시 뚜껑이나 항아리 어깨 부분에 장식으로 붙인 토우를 말해요. 아이를 많이 낳기를 기원하는 뜻으로 여자와 남자 아이를 만들어 붙이거나, 뱀이나 개구리 같은 동물을 붙여 귀신을 물리치려는 뜻을 담기도 했어요

고래와 헤어지다

신라실에서 고고관 전시는 끝이 났어요. 석기는 그동안 살펴본 유물들을 다시 떠올리며 첫 번째 물음에 뭐라고 답해야 좋을지 곰곰이 생각했어요. 그때 갑자기 저쪽에서 쿵쾅쿵쾅 딱딱한 물체가 바닥을 내리치는 소리가 들렸어요. 그 소리는 점점 더 커졌어요.

"뭐지?"

가까이 다가온 것은 놀랍게도 갑옷과 투구를 쓴 사람이었어요.

'설마 날 잡으러 왔나?'

석기는 박물관 화장실에 숨어 딴짓을 한 게 내내 마음에 걸렸어요.

'성질 고약한 유물이 날 골탕 먹일지도 모르니 조심해야지.'

석기는 갑옷 입은 사람을 못 본 척 고래한테 발걸음을 재촉했어요.

"고래야, 다음 전시실은 어디지? 이쪽으로 가면 되나? 어, 어이쿠!"

종종걸음으로 고고관을 빠져나가려던 석기는 무언가에 부딪쳐 쓰러지고 말았어요. 어느새 갑옷을 입은 사람이 석기를 가로막고 서 있었거든요.

"아야, 지금 무슨 짓이에요? 난 심사위원이라고요, 심사위원!"

"아, 미안미안. 너무 급해서 그만……, 후."

갑옷을 입은 사람이 투구 사이로 긴 한숨 소리를 내뱉었어요.

"뭐가 급하다는 거예요?"

"심사위원이라면서 나를 그냥 지나치려고 하니까 그랬지. 백제실과 신라실 사이에 우리 가야실이 있다는 걸 몰랐나?"

"내, 내가 그랬나? 좋아요. 그럼 자기 소개를 해 보세요."

갑옷과 투구를 쓴 사람은 그 어떤 시대 유물보다 강렬한 느낌을 주었어요. 오래 되어 녹이 슬긴 했지만 아주 멋져 보였지요. 갑옷을 입은 사람은 너무 오랜만에 뜀박질을 해서 그런지 다리가 아프다며 모퉁이에 가서 앉았어요. 석기와 고래도 그 옆으로 다가가 귀를 기울였어요.

"보통 삼국 시대 하면 사람들은 고구려, 백제, 신라만 생각해. 하지만 여러 나라가 손을 잡고 세운 우리 가야를 빼 놓으면 정말 섭섭하지. 가야가 비록 나중에 신라에 속하기는 했지만 말이야.

우리 가야 연맹을 대표할 수 있는 나라는 금관가야, 대가야, 아라가야야. 신라가 '황금의 나라'라면 우리 가야국은 '철의 나라'지. 가야 땅에는 철이 많이 났어. 우리가 철을 만지는 기술이 얼마나 뛰어났는지는 철로 만든 이 갑옷과 투구를 보면 잘 알겠지? 우리는 긴 철판을 구부려 만든 판갑옷을 만들기도 했고, 작은 철 조각을 바느질로 엮어 비늘갑옷을 짓기도 했어. 이만큼 우리는 철을 자유자재로 다루었지. 하지만 이렇게 철이 많이 나는 나라였기에 이웃 나라들은 우리 가야를 서로 차지하려고 탐을 냈어. 그 때문에 많은 전쟁에 시달리다가 마침내 신라에 정복당하고 말았지."

갑옷을 입은 사람은 할 말을 다 끝내자 천천히 자리에서 일어났어요.

그리고 올 때와는 달리 조용한 걸음으로 되돌아갔어요.

석기는 심사가 점점 어렵다는 생각이 들었어요. 그동안 '박물관' 하면 따분하다고만 생각해 아무 관심도 없었는데, 막상 자세히 들여다보니 이렇게 새롭고 신기한 유물이 많을 줄이야…….

'이제 정말 고고관 유물 대회는 끝이 났어. 그런데 답을 뭐라고 쓰지?'

석기는 선뜻 답을 쓸 수 없었어요. 석기가 만난 유물들은 모두 하나같

이 소중하고 개성이 넘치는 것들이었어요.

 하지만 문지기 용은 분명히 모든 답을 써야만 한다고 했지요. 석기는 한참을 고민한 끝에 드디어 무언가를 종이에 써 넣었어요. 그리고 얼른 종이를 돌돌 말았어요.

 "드디어 고고관 으뜸 유물을 정한 모양이군."

 고래의 물음에 석기는 고개를 끄덕였어요. 고래는 천천히 석기 둘레를 세 바퀴 헤엄쳤어요.

 "이게 나의 마지막 인사야."

 마침내 고래와도 작별한 시간이 되었어요. 고래는 고고관 안에서만 안내를 맡아 준다고 했으니 말이에요. 석기는 고래와 악수를 나누었어요.

 "자, 이제 두 번째 문제를 풀러 가야지. 그럼 행운을 빌어!"

 고래는 힘차게 몸통을 흔들며 자기 자리로 되돌아갔어요. 고고관을 빠져 나온 석기는 두 번째 문제를 보려고 종이를 펼쳤어요. 그런데 먼지가 잔뜩 쌓여 글자가 안 보였어요. 석기는 '훅!' 하고 먼지를 불었어요. 그러자 종이 위에 문제가 또렷이 나타났어요.

역사관 문제 : 역사관에서 가장 키 큰 유물을 찾아라!

 키가 작은 석기는 피식 웃음을 터뜨렸어요.

"쳇! 내 키가 작다고 일부러 이런 문제를 낸 거야?"

석기는 자기도 모르게 입이 뾰로통하게 튀어나왔어요. 하지만 금세 생각을 고쳐먹었어요.

'내 키가 무슨 상관이람. 아무튼 키 큰 유물이라면 금세 눈에 띄겠군. 그렇다면 이번 문제는 금방 풀 수 있겠는걸?'

석기는 환하게 웃으며 역사관 안으로 들어섰어요. 왠지 가슴이 두근 거렸어요. 어쩐지 역사관에서는 더 재미있는 일이 일어날 것만 같았어요.

두 번째 마당
역사관 - 통일신라실에서 대외교류실까지

이렇게 관람하세요! 통일신라실 ➡ 발해실 ➡ 고려 1,2,3 ➡ 조선 왕과 국가실 ➡ 사회·경제실 ➡ 인쇄·지도실 ➡ 대외교류실

역사관, 가장 키 큰 유물을 찾아라!

석기는 먼저 통일신라실에 들어섰어요.

'역사관은 누가 안내해 주지?'

석기는 고고관의 고래를 떠올리며 이런 생각을 했어요. 그런데 어귀에서 두리번거리다 그만 털썩 주저앉고 말았어요. 눈앞에 커다란 원숭이가 석기를 뚫어져라 바라보고 있었거든요. 그런데 그 원숭이는 석기가 그동안 봐 오던 것처럼 귀엽고 재미있는 얼굴이 아니었어요. 어쩐지 원숭이라고 하기엔 너무 위엄이 있어 쉽게 입을 뗄 수가 없었지요.

"누, 누구예요? 난……, 문지기 용이 보냈는데."

그 말이 떨어지자마자 원숭이가 그대로 선 채 어디론가 눈짓을 보냈어요. 거기엔 돌판이 전시되어 있었는데 갑자기 판에 새겨져 있던 조각상이 서서히 부풀어 올랐어요. 어느새 조각상은 돌판 밖으로 튀어나와 석기 앞으로 다가왔어요. 가까이에서 보니 조각상은 토끼와 말이었어요. 토끼와 말은 석기의 두 팔을 한쪽씩 붙들었어요.

"왜 이래요?"

토끼와 말은 아무 말 없이 석기를 데려가더니 널따란 돌방에 석기를 눕혔어요. 석기는 무슨 영문인지 몰라 눈만 껌벅거렸어요. 사실 반항할 수도 없었어요. 토끼와 말은 방패와 칼을 들고 있었는데 그 모습이 어찌나 무섭고 늠름해 보이던지! 석기는 마음을 가라앉히고 천천히 물었어요.

"여, 여기가 어디예요?"

"여긴 바로 삼국 통일을 이룬 김유신 장군님의 무덤이란다."

"으악! 무덤이라고요?"

석기가 벌떡 일어나려고 하자 갑자기 토끼와 말을 비롯한 다른 동물들이 무덤 둘레를 에워쌌어요.

"우리는 바로 십이지상이야. '십이지(十二支)'란 시간을 나타내는 쥐, 소, 호랑이, 토끼, 용, 뱀, 말, 양, 원숭이, 닭, 개, 돼지 열두 마리 동물을 사람의 모습으로 나타낸 거지. 통일신라 시대 사람들은 우리를 돌에 새겨 이렇게 무덤 둘레에 세워 두었어. 우리를 죽은 이를 지켜 주는 수호신이라고 여겼지.

통일신라 시대에는 왕이나 귀족의 무덤이 돌방무덤으로 바뀌었어. 판판한 돌로 벽을 쌓아 올려 널방을 만든 다음 그 위에 흙을 쌓아 올려 봉토를 만든 무덤이지. 돌방무덤은 무덤의 흙이 흘러내리지 않게 둘레 돌을 돌려 쌓았는데, 여기서 발전한 것이 바로 우리 십이지신상이 새겨진 판석이란다. 이는 신라에서만 찾아볼 수 있는 독특한 모습이야. 설명을 쉽게 하려고 너를 무덤 안으로 데려온 거란다."

말 석상이 손을 내밀어 석기를 일으켜 주었어요.

"앞으로 역사관 안내는 우리 토끼 석상이 도와줄 거야."

그 말이 끝나기 무섭게 토끼가 눈을 찡긋거리며 귀를 한 번 까딱였어요. 마치 석기한테 인사를 하는 것 같았지요.

"고마워요."

석기는 통일신라 십이지상 가운데 토끼의 호위를 받으며 다음 전시관인 발해실로 건너갔어요. 방패를 든 토끼는 무사 차림에 어울리게 똑 부러지는 말투로 이야기했어요.

"발해는 대조영이 고구려 유민을 모아 고구려 옛 영토에 세운 나라야. 전성기 때는 한반도 북부 지역, 중국의 흑룡강 성과 러시아의 연해주에 이르는 넓은 땅을 다스리기도 했지. 중국에서 '해동성국'(바다 동쪽의 융성한 나라)이라고 떠받들기도 했으니 그때 발해의 문화 수준이 어땠는지는 쉽게 짐작할 수 있겠지? 발해는 고구려 문화를 바탕으로 중국의 당 문화를 받아들이고, 신라나 일본과도 활발히 교류하며 자신만의 독특한 문화를 이루어 낸 나라였어."

토끼 말이 끝나기 무섭게 석기의 눈에 어디선가 본 듯한 유물이 보였어요. 바로 연꽃무늬 발해기와였어요.

"이건 고구려실에서 본 거랑 비슷한데?"

그러자 토끼가 놀랍다는 얼굴로 말했어요.

"이런 걸 눈치 채다니 보통이 아닌걸? 맞아. 고구려 시대 기와 무늬랑

비슷해. 발해가 고구려 문화를 이어받은 나라라는 걸 증명하는 유물이지."

토끼의 칭찬에 석기는 괜히 기분이 으쓱해졌어요.

다음으로 본 유물은 발해의 '글씨가 있는 불비상'이었어요. 석기는 그 앞에 서서 고개를 갸우뚱거렸어요. 흔히 보던 불상과는 좀 다른 느낌이었거든요. 불상은 글씨와 함께 조각되어 호기심을 불러 일으켰어요.

"삼국 시대에 들어온 불교는 우리 민족 문화에 큰 영향을 끼쳤어. 발해 사람들은 고구려의 불교 정신을 그대로 이어받았지. 지배층이 살던 도성 유적에서 절터가 나온 것을 보면, 지배층을 중심으로 폭넓게 불교가 유행했다는 걸 짐작할 수 있어.

이 유물 역시 지배층이 만든 거야. 여기 새겨진 글을 보면 '834년 발

글씨가 있는 불비상

해 허왕부의 관리인 조문휴의 어머니가 모든 불제자들을 위해 만들었다.'는 내용이 새겨져 있지."

토끼가 설명을 하는 동안 석기는 그만 하품을 세 번씩이나 하고 말았어요. 토끼가 아무 말 없이 석기를 바라봤어요.

"어, 토끼님. 미, 미안해요. 에이, 그런데 토끼님 설명이 너무 딱딱하잖아요. 어렵기도 하고. 별주부전에 나오는 토끼는 말을 진짜 잘하던데……."

그러자 토끼가 멋쩍은 웃음을 터뜨렸어요.

"나도 알아, 그 별주부전의 토끼. 그런데 어쩌지? 난 하도 오래 전부터 무덤 지키는 일만 해서 말 재주가 없는데."

조금 뒤, 토끼는 앞장 서 걷더니 뒤따라오는 석기를 보며 말했어요.

"놓치지 말고 잘 따라오렴. 재미없게 설명한 벌로 맛있는 걸 사 줄 테니."

"우아, 진짜요?"

석기는 신이 나서 폴짝폴짝 뛰었어요. 역사관 여행도 어쩐지 재미있을 것만 같았어요.

 토끼 수호신과 함께한 고려 여행

토끼와 석기는 어느새 고려실로 들어섰어요. 어디선가 왁자지껄한 소리가 들렸어요.

"장날인 모양이군."

여기저기서 물건을 사고파는 소리가 들려왔어요. 석기는 신기한 얼굴로 둘레를 두리번거렸어요. 새로운 볼거리에 맛있는 것들이 넘쳐났거든요. 석기는 침을 꼴깍 삼켰어요. 엿장수가 한눈에 봐도 먹음직스럽게 생긴 엿을 팔고 있었어요.

"엿 사시오! 엿 사시오! 둘이 먹다가 하나가 죽어도 모를 기막히게 맛있는 호박엿!"

그때 한 손님이 엿을 사고는 엿장수한테 동전을 건넸어요. 그런데 이상하게도 엿장수는 동전을 보더니 손사래를 쳤어요.

"어이쿠, 우리는 그런 동전 안 받습니다. 큰 점포에서나 쓰시구려."

석기는 고개를 갸웃거렸어요.

"아니 왜 저 엿장수는 동전을 안 받겠다는 거예요?"

"동전은 고려 시대에 처음 만들었어. 군인이나 관리들한테 나눠 주며 널리 퍼뜨려 보려고 했지만 얼마 못 가고 말았지. 일반 백성들 사이에서는 조그만 동전이 아무래도 못 미더웠던 거야. 자, 잘 보렴."

토끼는 빙그레 웃음을 짓더니 주머니에서 고운 옷감을 꺼내 엿장수한테 건넸어요.

"이 손님한테 엿을 주시오. 질리도록 먹고도 남을 만큼."

석기도 엿장수도 눈이 휘둥그레졌어요.

"장에 오자마자 이게 웬 횡재야?"

엿장수는 마수걸이 제대로 했다며 엿을 몽땅 석기한테 건네주었어요.

✱ 화폐

1. 해동통보
고려 숙종 7년(1102)에 주조한 구리로 만든 동전이에요. 앞면에는 '해동통보' 라는 글자를 새기고 뒷면에는 아무 것도 안 새겼어요. 관리와 군인들한테 나눠 주고 널리 쓸 것을 권했지만 보통 백성들은 여전히 곡물이나 옷감 같은 것으로 물건을 사고팔았어요.

2. 조선통보
조선 시대 처음 만든 동전 화폐예요. 당나라의 개원통보를 본떠 만들었지요.

3. 상평통보
상평통보는 조선 전기에 만들었지만 후기에 비로소 전국에 걸쳐 널리 쓰인 동전이에요. 앞면에는 상평통보라는 문자를 새겼고, 뒷면에는 만든 관청과 주조 번호를 새겨 넣었어요. 테두리가 동그란 엽전에 네모난 구멍을 뚫었지요. 이는 '하늘은 둥글고 땅은 네모나다.' 라는 생각을 담고 있어요.

"봤지? 아직은 이렇게 옷감이나 쌀 같은 것이 돈보다 잘 통해."

석기는 토끼와 함께 어느 장터 한 구석에 앉아 사이좋게 엿을 나누어 먹었어요. 석기는 엿을 먹어 보고 깜짝 놀랐어요. 평소 먹던 사탕이나 과자에 견줄 바가 아니었어요. 너무 달지도 않고, 입에 착 달라붙을 만큼 맛이 좋았어요. 석기는 기분이 좋아 배시시 웃었어요. 갑자기 식구들이 떠올랐어요.

'엄마 아빠가 많이 걱정하고 계시겠지? 난 이렇게 맛있는 거 먹으면서 잘 지내는데……. 안 되겠다. 빨리 박물관 문제를 다 풀고 집으로 돌아가야겠어.'

엿을 실컷 먹은 석기는 배를 두드리며 일어섰어요.

'문제를 빨리 풀려면 토끼의 도움을 받을 수밖에 없어.'

석기는 토끼한테 귓속말로 물었어요.

"역사관에서 가장 키 큰 유물이 뭐예요? 빨리 풀어야 빨리 집에 돌아갈 수 있거든요."

석기의 물음에 토끼도 한참을 생각했어요. 하지만 쉽게 안 떠오르는 눈치였어요.

"키 큰 유물? 고려 2실에 가면 그런 유물이 있긴 한데……."

석기는 얼른 토끼가 말한 곳으로 달려가 보았어요. 과연 거기에는 제법 큰 석관이 떡 하니 버티고 있었어요.

"자, 관에 새긴 무늬들을 잘 봐."

"우아!"

석기는 관 곳곳에 은은한 조각이 새겨져 있는 걸 보았어요. 조각들은 모두 다른 모양이었어요.

"저 조각들은 말하자면 나와 비슷한 구실을 하는 거야. 무덤을 지키라는 뜻으로 나를 만든 것처럼 고려 시대 저 관에 새겨 놓은 것들도 영혼을 지키는 구실을 했지."

"그런데 사람 키보다 작은 이 관이 정말 가장 키 큰 유물일까요?"

석기의 말에 토끼는 눈동자를 굴리며 생각에 잠겼어요. 그러다 무슨 생각이 났는지 방패를 들고는 들뜬 목소리로 혼잣말을 했어요.

"아, 그거야! 그거! 아무래도 난 천재인가 봐. 역시 토끼들은 머리가 좋아."

석기는 토끼의 말에 피식 웃음이 나왔어요. 그동안 잔뜩 무게 잡던 토끼의 모습이 아니었거든요. 토끼는 살짝 얼굴이 붉어졌어요.

"아, 내가 너무 흥분했나?"

"아이, 빨리 얘기해 주세요. 궁금해요."

토끼는 어깨에 살짝 힘을 주더니 말했어요.

"두루마리!"

"예?"

"두루마리 서책을 생각해 봐. 옆으로 펼치면 엄청 길잖아. 그러니까 오른쪽에서 왼쪽까지가 책의 키인 셈이지요."

"오, 그럴듯한데요?"

석기의 대답에 토끼는 잔뜩 신이 난 것 같았어요.

"그렇지? 그럼 얼른 고려의 인쇄물을 보러 가자!"

토끼와 석기는 고려 3실로 서둘러 건너갔어요. 토끼와 석기는 어느새 누렇게 빛깔이 바랜 두루마리 앞에 섰어요. 종이 위에 끝도 없이 적혀 있는 한문. 그 유물은 옆으로 아주 길게 펼쳐 전시해 놓았지요. 다 펼칠 수가 없어서 끝은 돌돌 말려 있었고요.

"이 유물은 뭐예요?"

석기는 어쩌면 이 두루마리가 정답일지도 모른다는 생각에 귀를 쫑긋 세웠어요. 토끼는 방패와 칼을 내려놓고는 제법 진지한 목소리로 말했어요.

"여기 전시된 것은 비록 복시본이지만, 이건 우리나라에서 아주아주 중요한 유물이야. 설명이 어렵다느니 딱딱하다느니 하지 말고 잘 들어보렴."

✱ 목판 인쇄 〈무구정광대다라니경〉

인쇄술이 생겨나기 전에 사람들은 손으로 베껴 쓰거나 돌에 글을 새겨 탁본을 뜨는 방식으로 기록을 남겼어요. 이는 정말 시간이 많이 걸리는 작업이었지요. 그래서 우리 겨레는 나무 판에 글자를 새겨 먹물을 칠한 뒤 종이를 대고 인쇄하는 목판 인쇄술을 많이 썼어요.

지금 세계에 남아 있는 목판 인쇄본 가운데 가장 오래된 것이 바로 '무구정광대다라니경'(국보 126호)이에요. '무구정광대다라니경'은 불국사 삼층석탑(석가탑)에서 나왔어요. 만든 지 1200년이 넘은 것으로 밝혀졌지요.

'무구정광'은 더러움이 없는 깨끗한 빛, '다라니경'은 부처님의 말씀을 요약한 경전이라는 뜻이에요. 탑을 만들어 이 경전을 모시면 수명이 늘고 죄가 없어져 부처님의 세계에서 다시 태어난다는 내용이 담겨 있어요.

"석기 어린이는 책을 많이 읽나?"

"예? 아니 갑자기 왜 그런 물음을……."

석기는 할 말이 없어 머리를 긁적거렸어요.

"나중에 보통 백성들도 책을 쉽게 접할 수 있었던 건 바로 우리 조상들의 뛰어난 인쇄술 덕분이야. 인쇄술이 발달하지 못했다면 책을 많이 찍어낼 수 없었을 테니까. 생각해 보렴. 일일이 손으로 써서 책을 만들었

다면 얼마나 책을 많이 만들 수 있었을까? 우리 민족의 인쇄 문화는 정말 세계 으뜸이라고 할 수 있지. 세계에서 가장 오래된 목판 인쇄본을 가지고 있고, 고려 시대에는 세계에서 처음으로 금속활자를 만들어 썼으니까."

토끼의 설명은 길게 이어졌어요. 처음에는 너무 딱딱한 것 같아 조금 불편했지만 어떻게든 많은 걸 설명해 주려는 토끼가 점점 멋있어 보였어요.

'혜진이도 가끔 저렇게 선생님처럼 설명을 아주 길게 해 주기도 했는데…….'

석기는 문득 같은 반 혜진이 얼굴이 떠올랐어요. 석기가 혜진이한테 솔직하게 자기 마음을 못 표현한 까닭은 사실 혜진이가 너무 똑똑하기 때문이에요. 혜진이가 좋긴 하지만 석기보다 뭐든지 다 잘하니까 괜히 주눅이 들기도 하거든요.

'나도 돌아가면 공부를 많이 해야지. 애써 잘난 척 안 해도 멋있어 보이잖아? 내가 책도 많이 보고 이런 박물관 지식도 많이 쌓이면 혜진이도 분명 나한테 관심을 보이겠지?'

"지금 무슨 생각해?"

토끼가 잠깐 생각에 빠진 석기를 뚫어져라 바라보고 있었어요.

"아, 아무것도 아니에요. 너무 설명을 잘해 주셔서 깜짝 놀랐을 뿐이에요. 이제 고려실은 끝난 건가요?"

토끼는 고개를 저었어요. 그러더니 다른 책 앞으로 안내했어요.

"아니. 이제 한 단계 더 발달한 금속 활자를 봐야지. 이 책을 봐. 목판 인쇄보다 확실히 글자가 뚜렷하게 보이지?"

✳ 금속 활자로 찍은 《직지심체요절》

목판 인쇄에서 더욱 발전해 나온 것이 바로 금속 활자예요. 목판 인쇄술로는 여러 가지 책을 빨리 찍어내는 데 어려움이 많았거든요. 목판에 글자를 새기다 틀리기라도 하면 다시 새겨야 했으니까요. 게다가 나무판은 물기에 닿으면 쉽게 뒤틀리거나 썩어 오래 보관하기도 힘들고요. 그래서 사람들은 글자를 낱자로 만들어 인쇄하는 금속 활자 인쇄를 개발했어요. 그때그때 필요한 활자들을 배열해 인쇄하면 되니까 훨씬 빠르고 정확하게 책을 찍

국립중앙박물관에 있는
고려 시대 금속 활자

어낼 수 있었지요.
고려 시대인 1377년 청주 흥덕사에서 금속 활자로 찍은 '직지심체요절'은 지금 전 세계에 남아 있는 금속 활자 인쇄본 가운데 가장 오래된 유물이에요. 프랑스 국립도서관에 보관되어 있는데 그 가치를 인정받아 유네스코 '세계기록유산'에 지정되어 있어요.

"자, 오늘 내 설명은 여기까지야."
토끼가 갑자기 방패를 내려놓더니 손을 내밀었어요. 석기는 얼떨결에 토끼와 악수를 하고는 토끼 얼굴을 물끄러미 바라보았어요.
"난 이제 원래 내 임무로 돌아가야겠구나. 역사관 첫 길목을 지키고 있는데 너무 오래 자리를 비운 것 같아."
"그럼 이제 저 혼자 다녀야 하나요?"
"아니, 다음 전시실로 넘어가면 나보다 훨씬 재미있는 사람이 안내를 맡아 줄 거야. 내가 장담하지!"
토끼는 다시 방패를 들고는 뚜벅뚜벅 왔던 길을 되돌아갔어요. 석기는 손을 흔들며 소리쳤어요.
"고마워요! 어쨌든 토끼님 덕분에 문지기 용이 내 준 문제의 답을 찾은 것 같아요!"
석기는 그렇게 토끼와 인사하고 헤어졌어요. 이제는 조금 혼자 다닐 자신도 생겼지요. 석기는 큼지막하게 발걸음을 내디뎠어요.

✱ 금속 활자로 책 만드는 과정

1. 글자 교정본 정하기
 어떤 글씨체로 활자를 만들지, 또 필요한 활자가 몇 개 있어야 하는지 정해요.

2. 조판하기
 책의 크기와 칸에 맞게 틀을 만들고, 책 내용대로 활자를 고른 다음 한 자씩 틀에 넣어요.

3. 먹물 칠하기
 조합한 활자판 위에 먹물을 고르게 칠해요.

4. 인쇄하기
 먹물을 칠한 활자판 위에 종이를 덮고, 먹물이 잘 묻게 문질러서 찍어 내요.

5. 교정하기
 인쇄한 것을 보고 잘못된 글씨를 찾아 고쳐요.

6. 책 매기
 모두 인쇄하면 앞뒤에 표지를 대고, 구멍을 뚫고 실로 매요.

 ## 조선 시대 친구를 만나다

고려 여행이 끝나자 눈앞에는 조선 시대 '왕과 국가실'이 나타났어요. 석기는 왕이라는 말에 괜히 조심스러운 마음이 들었어요. 그래서 까치발을 하고 배쭉이 안을 들여다보았어요.

'어쩐지 너무 조용한걸?'

석기가 막 발을 디디려고 할 때 어디선가 책 읽는 소리가 들려왔어요. 그것도 아주 맑고 또랑또랑한 여자 아이의 목소리였지요.

'누구지?'

석기는 소리 나는 곳으로 점점 가까이 다가갔어요. 소리는 어느 작은 방에서 흘러나오고 있었어요.

"에헴."

석기는 일부러 들으라는 듯 헛기침을 했어요. 소리를 들었는지 방문이 열리고 누군가 나왔어요.

"누구세요?"

그런데 석기는 방에서 나온 여자 아이를 보고 깜짝 놀랐어요. 세상에, 석기가 짝사랑하는 혜진이와 쏙 빼닮은 게 아니겠어요?

"혜진아!"

석기는 얼떨결에 혜진이 이름을 부르고 말았어요. 소녀는 고개를 갸우뚱거리며 신기한 눈으로 석기를 바라보았어요.

"아니, 어떻게 제 이름을 아세요?"

신기하게도 그 소녀의 이름도 '혜진' 이었어요. 우연이라고 하기에는 너무 놀라운 일이었지요.

"혜진아, 어떻게 된 일이야? 너도 나처럼 박물관에 갇혀서 모험을 하고 있는 거야?"

석기가 혜진이 손을 잡고 묻자 소녀는 부끄러운 듯 손을 뺐어요. 그러고는 고개를 가로저으며 땅만 바라보았어요. 정말 석기를 모르는 얼굴이었어요. 석기는 소녀한테 자기소개를 했어요. 그리고 왜 여기까지 오게 되었는지도 차근차근 이야기했지요. 소녀는 석기의 말이 재미있다는 듯 수줍게 웃었어요. 웃는 모습까지 친구 혜진이와 정말 비슷했어요.

'그래, 혜진이가 이곳에 있을 리 없어. 키 큰 유물 찾는 일에만 열중하자. 혹시 문제를 푸는 데 도움이 될지도 모르니까 소녀와 친해져야겠다.'

"책을 좋아하나 봐요. 저도 책을 많이 읽는답니다."

석기는 소녀와 친해지고 싶은 마음에 아무렇게나 말을 내뱉었어요. 석기는 속으로 키득키득 웃었어요. 너무 능청스럽게 거짓말이 술술 나왔거든요.

"저도 책 읽는 것을 좋아해요. 한글로 쓴 소설들은 읽기 쉬워서 늘 손에 가까이 한답니다. 제가 다 읽고 나면 이웃집 보모한테도 빌려 줄 참이에요. 한글을 가르쳐 줬더니 이제 곧잘 읽는답니다."

한글로 쓴 작품을 둘러보는 석기한테 소녀는 편지 한 통을 내밀었어요.

"이 편지 한번 읽어 보세요."

"어, 그새 나한테 쓴 거예요?"

석기가 쑥스러운 얼굴로 말하자 소녀는 웃으며 말했어요.

"이건 임금님이 쓴 한글 편지랍니다. 이걸 읽어 보면 왕도 보통의 아버지와 다를 바 없다는 걸 알게 되지요."

'내가 김칫국을 마셨네?'

✱ 한글은 어떻게 만들었을까?

한글이 만들어지기 전까지 우리 겨레는 중국 글자인 한자를 빌려 하고 싶은 말을 글로 나타냈어요. 말과 글자가 따로 놀았으니 얼마나 불편했을까요? 더구나 한자는 배우기가 어려워 일반 백성들은 '흰 것은 종이요 까만 것은 글자'라는 것쯤만 알 수 있었어요.

조선 시대 세종대왕은 이런 백성들의 어려움을 헤아려 우리글을 만들기로 마음먹었어요. 그리고 오랜 연구 끝에 마침내 1443년 '백성을 가르치는 바른 소리'라는 뜻의 우리글 훈민정음을 세상에 내놓았지요.

훈민정음은 겨우 스물여덟 개 글자로 이루어져 있지만 우리말을 표현하는 데 모자람이 없을 만큼 훌륭한 문자예요. 세계 어느 나라 문자보다 짜임새 있고 아름답다고 널리 인정받고 있지요.

그러나 처음부터 우리글이 널리 쓰인 것은 아니에요. 처음에 훈민정음은 중국 사대사상에 젖어 있던 사대부들한테 엄청난 반대에 몰렸어요. 그래도 워낙 배우기가 쉬워서 백성들 사이에 빠르게 퍼져 나갔지요.

'한글'이란 말은 1913년 국어학자인 주시경 선생이 붙인 이름이에요. 한민족의 글이고, 세계에서 가장 으뜸가는 글이라는 뜻으로 '한글'이라고 이름 지었어요.

세종대왕

석기는 조금 멋쩍었지만 아무렇지 않은 듯 더듬더듬 편지를 읽어내려 갔어요.

"딸아, 새 집에 가서 밤에 잠이나 제대로 자는지 모르겠구나……."

신기했어요. 오래 전 왕이 딸한테 쓴 편지 한 통. 한글이 없었다면 어린 석기가 옛날 사람들의 마음을 그대로 읽어낼 수 없었겠지요? 석기는 마치 오래전 조상들과도 마음이 통하는 느낌이 들었어요.

'이왕이면 저 소녀의 안내를 받고 싶은데…….'

석기는 소녀와 금세 헤어져야 하는 건 아닌지 자꾸만 걱정이 되었어요. 그래서 용기를 내어 소녀한테 말했어요.

"저……. 괜찮다면 책 읽는 건 잠깐 미루고 나한테 남은 역사관 안내를

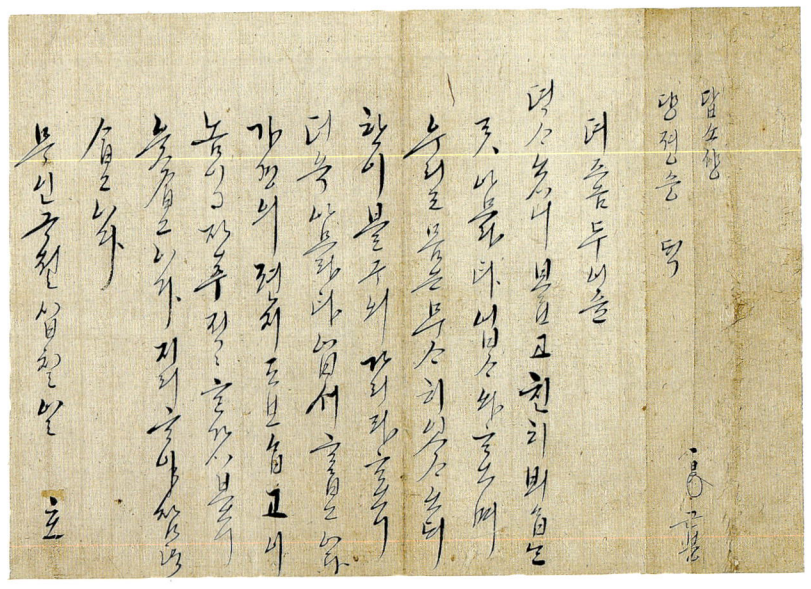

조선 17대 왕 효종이 청나라에 볼모로 잡혀 있을 때 장모한테 쓴 한글 편지

해 주면 안 될까요? 아까 얘기했지만 박물관에 갇힌 벌로 몇 가지 문제를 풀어야 하거든요. 그런데 역사관 문제는 너무 어려워서 혼자서는 도저히 못 풀 것 같아요. 문제를 못 풀면 난……. 영원히 집으로 못 돌아갈지도 몰라요. 흑흑."

소녀는 잠깐 망설이는 것 같았어요. 눈치를 살피던 석기는 다시 큰 소리로 말했어요.

"책 읽는 거 좋아한다고 했죠? 이곳을 빠져나간다면 꼭 보답으로 내 책을 갖다 줄게요. 우리 집엔 엄마가 사 준 책이 이만큼이나 되거든요."

석기는 양팔을 쫙 벌려 큰 동그라미를 그렸어요.

"다른 나라 동화도 많아요. 아마 외국 동화는 못 읽어 봤을걸요? 다른 나라 사람들이 쓴 책인데 우리글로 옮겨 놓아 읽기 쉽답니다. 어느 날 몸이 납작해진 아이 이야기도 있고요, 말하는 거미 이야기도 있어요."

"몸이 납작해졌다고요?"

소녀는 잔뜩 호기심 어린 눈으로 석기를 쳐다보았어요. 마침내 소녀는 고개를 끄덕이더니 당찬 목소리로 말했어요.

"좋아요, 가요!"

석기는 뛸 듯이 기뻤어요.

"우리 나이도 같은데……. 말을 놓는 건 어떨까?"

"좋아!"

소녀는 방글방글 웃으며 대답했어요. 그러더니 갑자기 다급한 목소리로 말했어요.

"얼른 고개를 숙여."

"왜 그래?"

곁눈질로 보니 아주 호화로운 행렬이 저만치 다가오고 있었어요.

"임금님 행차야. 어서 예의를 갖추자."

석기는 아주 작은 목소리로 물었어요.

"임금님? 어느 왕의 행차야?"

"정조 대왕이야. 정조 임금은 아버지 묘가 있는 화성으로 행차를 자주 다녔지. 왕은 1794년부터 경기도 수원에 성을 쌓아서 두 해 뒤에 완성했어. 정조는 억울하게 죽은 아버지 사도세자를 위로하고 새로운 정치를 펴겠다는 뜻으로 이곳 수원에 커다란 성을 쌓은 거야. 이곳에서 자신을 지지하는 세력을 중심으로 개혁을 일으키고 싶어 했지."

정조의 행차가 천천히 지나갔어요. 행렬이 눈에서 사라지자 그제야 석기와 혜진이는 일어나 다시 길을 나섰어요. 그러나 얼마 못 가 커다란 성문이 앞을 가로막았어요.

"저 성문으로 들어가면 큰 저잣거리도 구경할 수 있어. 어서 가자."

"그런데 잠깐만."

석기는 혜진이를 불러 세웠어요. 성문에서 문지기가 사람들을 세워 놓고 무엇인가 검사를 하고 있었어요.

"저건 뭐 하는 거지? 혹시 나 잡히는 거 아냐?"

그러자 혜진이가 걱정하지 말라는 투로 말했어요.

"호패를 검사하는 거야. 호패는 열여섯 살을 넘긴 남자들한테만 주는 거니까 넌 걱정 안 해도 돼."

✱ 호패

조선 시대 열여섯 살이 넘은 남자는 나라에서 발행한 신분 증명서인 호패를 차고 다녀야 했어요. 오늘날 주민등록증 같은 것이지요. 호패는 보통 나무나 쇠뿔로 만들었는데 겉면에는 이름, 태어난 연도, 제작 연도, 발행 기관 따위를 새겼어요. 신분에 따라 호패의 재질과 기록 내용이 조금씩 달랐어요. 신분이 높을수록 상아나 뿔 같은 좋은 재료로 만든 호패를 지니고 다녔고, 평민은 나무로 만든 걸 들고 다녔어요.

✻ 마패

마패는 지방에 출장을 다니는 관리가 지니고 다니는 특별한 신분증이에요. 보통 마패는 암행어사의 상징이기도 하지요. 마패에는 말이 그려져 있는데, 관리는 전국 지방을 돌면서 마패에 그려진 말의 수만큼 말을 쓸 수 있었어요.

그 밖에도 관청과 왕실 소유인 산을 관리하고 벌목을 감시하는 데 쓴 도금산패, 통행금지 위반자를 단속하는 순찰패, 세금을 걷는 관리가 차고 다닌 수세패와 같은 여러 가지 신분증이 있었어요.

호패

"그런데 혜진아, 지금 우리가 어딜 걷고 있는 거야?"

"호호. 여기는 우리 박물관의 사회·경제실이야."

"아, 그래서 이렇게 여러 가지 문서들이 전시되어 있구나."

문서들은 정말 다양했어요. 시험에 합격했다는 문서, 논밭을 사고팔 때 주고받는 문서, 재판을 할 때 필요한 문서와 같은 것들이 있었어요. 하지만 거의 다 한자로 쓰여 있어 석기 혼자서는 암만 들여다봐도 뭐가 뭔지 하나도 알 수가 없었어요.

"석기야, 이리 와 봐."

석기는 붉은 종이와 흰 종이가 나란히 진열된 쪽으로 다가갔어요.

"이게 뭐 같아? 바로 과거 시험에 합격했다는 합격증이야. 이게 있어야 관직 생활을 할 수 있지. 생원, 진사 시험의 합격증은 흰 종이에 써서 '백패'라고 하고, 대과 시험 합격증은 붉은 종이에 써서 '홍패'라고 해. 그럼 이 백패를 받은 사람은 몇 등으로 합격했을까?"

"내가 그걸 어떻게 알아? 한자만 보니 머리가 핑 도는 것 같은데."

"여길 봐. 진사 삼 등이라고 적혀 있잖아."

혜진이가 가리키는 곳을 찬찬히 들여다보니 정말 한자 석 삼 자가 보였어요. 아무리 공부를 못하는 석기지만 그래도 석 삼 자쯤은 알지요. 석기는 아는 한자가 나오니 반가운 마음이 들었어요.

"아, 정말 그러네. 그럼 삼 등한 거야?"

백패　　홍패

"아니. 생원, 진사 시험은 1등 5명, 2등 25명, 3등 70명을 뽑아. 여기 보면 '3등 25인'이라고 적혀 있지? 그러니까 전체 등수는 55등이라는 뜻이야. 그런데 석기야, 넌 공부 잘해? 학교에서 몇 등 해?"

혜진이의 물음에 석기는 이맛살을 찌푸렸어요.

'흠, 그 말이 왜 안 나오나 했더니…….'

하지만 석기는 애써 태연한 얼굴로 대답했어요.

"친구한테 그런 걸 묻는 건 예의가 아니지. 그리고 어릴 때 등수는 아무 의미 없는 거야. 어릴 땐 잘 놀아야 하는 거라고!"

그때 석기 눈에 재미있는 그림 하나가 들어왔어요. 통 무슨 말인지 모를 한자들 틈에 눈에 확 띄는 손 모양 그림이 있었어요.

"아니, 이건 뭐야?"

"이건 수장이라고 해. 일종의 서명인 셈이지. 사람들은 문서에 서명을 할 때 주로 본인의 이름 글자를 조금씩 바꿔서 썼어. 글을 배워서 쓸 줄 아는 사람이면 신분에 관계 없이 수장을 썼지. 글을 못 배운 사람은 수촌이나 수장으로 대신했어. 수촌은 손가락을 그려서 서명을 대신하는 것이고, 수장은 손바닥을 문서에 대고 찍어서 서명을 대신한 거야. 저기 손바닥에 글자를 봐. '우수'라고 적혀 있지? 이건 오른쪽 손바닥을 그렸다는 뜻이야."

"그렇구나!"

석기는 문득 혜진이와 추억으로 수장을 남기고 싶다는 생각이 들었어요.

"혜진아, 우리도 수장 찍자. 내가 비밀의 통로를 꼭 알아내 다음에 놀러 오면 날 꼭 기억해 달라는 뜻이야."

"굳이 수장을 안 해도 난 널 기억할 수 있어."

"그래도 하자. 우리 둘만의 추억이잖아."

석기가 가방에서 연습장을 꺼냈어요. 두 사람은 종이 위에 편지를 썼어요. 그리고 마지막에 자기 수장을 그려 넣은 다음 편지를 서로 주고받았어요.

"집에 돌아가면 열어 보기야. 알았지?"

혜진이의 말에 석기는 당장 읽어 보고 싶은 마음을 꾹 참았어요. 그리고는 혜진이의 편지를 책가방 속 깊숙이 넣었어요. 둘의 추억을 문서로 남기니 그 감동이 더 커지는 것만 같았어요.

지도의 비밀

"석기야, 이번에 갈 곳은 인쇄·지도실인데 여기서는 우리 좀 다르게 여행해 볼까?"

"어떻게?"

석기의 말이 떨어지자마자 혜진이는 품속에서 종이 한 장을 꺼내더니 여러 번 접었어요. 종이가 접혀 넓이가 좁아질 때마다 신기하게도 식기와 혜진이의 몸도 함께 줄어들었어요. 그러더니 어느새 박물관 천장이 까마득하게 멀어졌지요. 어느새 혜진이와 석기는 양 옆이 깊이 팬 골짜기 사이를 걷고 있었어요.

"여기가 어디야?"

하지만 혜진이는 가르쳐 주지 않았어요. 그저 싱글벙글 웃기만 했지요. 골짜기는 끝도 없이 이어졌어요. 석기는 마치 꿈을 꾸고 있는 것 같았어요. 석기가 자꾸만 두리번거리자 그제야 혜진이가 입을 열었어요.

"조금 낯설지? 어딘지 알면 깜짝 놀랄걸?"

그런데 혜진이의 말이 끝나기 무섭게 어디선가 우렁찬 목소리가 들려왔어요.

"혜진이가 또 장난을 치는구나. 애들아, 지금 지도를 찍어야 하니 잠깐만 나와 주거라."

갑자기 눈앞에 커다란 사람의 얼굴이 나타났어요.

"으악!"

석기는 괴물인 줄 알고 혜진이 등 뒤로 재빨리 숨었어요.

"하하!"

혜진이가 그렇게 크게 웃는 건 처음 보았어요. 혜진이는 배꼽을 움켜쥐고는 까르르 웃었어요.

"혜진이가 날 또 괴물로 만들어버리는구나. 얼른 내 누명 좀 벗겨주렴."

그 괴물이 커다란 손가락으로 혜진이를 톡 건드렸어요.

"사실은 석기야, 우린 지금 목판에 새겨진 대동여지도 속을 걷고 있는 거야. 방금 그 얼굴은 김정호 아저씨야."

"대동여지도?"

석기는 깜짝 놀랐어요. 대동여지도가 우리나라의 으뜸 지도라는 것쯤은 석기도 알고 있었으니까요. 알고 보니 석기와 혜진이는 여태 아주 작은 난쟁이가 되어 지도 위를 걷고 있었던 거예요.

"우린 지금 대동여지도 13층 지도 위를 걷고 있어."

"13층?"

석기는 혜진이의 말을 도통 이해할 수가 없었어요.

"안 되겠어. 이렇게 해서는 너한테 김정호 아저씨의 일을 설명할 수가 없겠는걸?"

혜진이는 아까 그 신비한 종이를 다시 꺼내더니 이번에는 원래대로 펼쳐나갔어요. 그러자 거짓말처럼 석기와 혜진이의 몸이 본래대로 되돌아왔어요. 두 사람은 목판을 새기고 있는 김정호 아저씨 옆으로 다가갔어요.

"아저씨, 오늘도 지도를 만드느라 바쁘시네요."

"그래. 지도를 다 만들긴 했는데 조금 고쳐야 할 곳을 찾아냈지 뭐야. 그래서 다시 작업을 하고 있단다. 스물일곱 해란 긴 시간 끝에 선보이긴 했지만 아직도 고쳐야 할 곳들이 보이는구나."

✱ 김정호

김정호의 출생이나 신분은 정확하게 알려져 있지 않아요. 학자들은 김정호가 1804년 무렵에 태어나 1866년쯤에 세상을 떠나지 않았을까 짐작하고 있지요. 김정호는 평생 지도 만드는 데 온 힘을 기울인 사람이었어요. 친구와 함께 오랜 세월 동안 수많은 지도와 자료들을 연구해, 이를 바탕으로 서른 살 무렵에 처음 전국 지도인 '청구도'를 만들었지요. 이 지도는 그때 다른 어떤 지도보다 꼼꼼하고 자세해 아주 큰 인기를 얻었어요. 그 뒤 스물일곱 해를 더 연구한 끝에 세상에 내놓은 지도가 바로 '대동여지도'예요.

"아저씨는 너무 완벽주의자 같아요."

혜진의 말에 김정호 아저씨는 껄껄 웃었어요.

"완벽주의란 말이 답답하긴 하지만, 생각해 보면 내가 그런 성격이 아니었다면 지도 제작은 엄두도 못 냈을 거야."

그때 석기는 조금 전에 혜진이가 한 말이 생각났어요.

"혜진아, 네가 아까 했던 얘기가 무슨 뜻이야? 우리가 지도 13층 위를 걷고 있다고 했잖아."

석기의 물음에 김정호 아저씨가 친절하게 설명해 주었어요.

"사람들은 대동여지도가 커다란 종이 한 장짜리 지도인 줄 알지. 하지만 그게 아니란다."

"한 장짜리 지도가 아니라고요?"

"그래. 나는 우리나라를 더욱 자세히 그리고 싶었어. 그래서 우리 땅을 남북으로 22층으로 나누고 한 층을 한 권의 책으로 만들었지. 접었다 폈다 하면서 쉽게 들고 다닐 수 있는 보통 책처럼 말이야."

"그러니까 22권 책을 모두 쫙 펼쳐 아래위로 붙이면 커다란 우리나라 지도가 된다는 말씀이죠?"

혜진이가 옆에서 거들자 아저씨는 대동여지도 스물두 권을 순서대로 펼쳐 보여 주었어요. 그러자 정말 엄청나게 큰 우리나라 지도가 눈앞에 펼쳐졌어요. 너무 커서 박물관 전시실이 좁을 지경이었어요. 그 순간 석기의 머릿속이 번쩍 지나가는 생각이 있었어요.

"아저씨! 그럼 이 지도를 이어서 하나로 붙이면 높이가 얼마나 되죠?"

"6미터는 훌쩍 넘고 7미터에 가깝지. 거의 건물 3층 높이쯤 되는 거야."

"우아, 알았어요! 그러니까 역사관에서 가장 키가 큰 유물은 바로 대동여지도야! 이걸 모두 이어 붙이면 진짜 우리나라 지도가 되니까!"

혜진이도 고개를 끄덕였어요. 곰곰 따져 보니 앞서 본 광개토대왕비보다 대동여지도 높이가 조금 더 높았어요. 석기는 이게 틀림없는 정답일 거라 확신했어요.

"하마터면 함정에 빠질 뻔했어. 그러고 보면 나도 꽤 머리가 좋다니까. 하하!"

석기는 신 나게 웃었어요. 그 모습이 귀여워서 김정호 아저씨와 혜진이도 환하게 웃었어요.

"하지만 아직은 모르는 일이야. 역사관은 아직 끝난 게 아니니까."

✱ 대동여지도

대동여지도는 우리나라를 남북 120리 간격의 22층으로 나누고, 한 층의 지도는 책 한 권으로 묶어 갖고 다니기 편하게 만들었어요. 이렇게 만든 스물두 권 책을 병풍처럼 모두 펼쳐 아래 위로 이으면 가로 3.8미터, 세로 6.7미터에 이르는 어마어마한 전국 지도가 되지요. 이런 지도를 '분첩절첩식' 지도라고 해요.

대동여지도는 교통망, 산줄기, 물줄기가 자세하게 나타나 있을 뿐 아니라 여러 가지 지리 정보도 다양한 기호로 표시하고 있어요. 그때 나온 다른 지도들과는 달리,

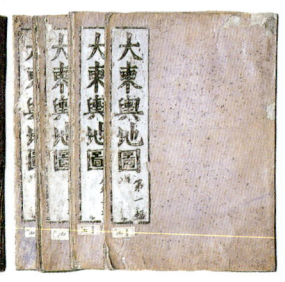

대동여지도 목판과 책 낱권

오늘날 지도처럼 '지도표'를 쓴 거지요. 사람이 다닐 수 있는 길은 물줄기나 산줄기 곡선과 구별할 수 있게 직선으로 나타내되, 10리마다 방점을 찍어 실제 거리를 짐작할 수 있게 했지요. 대동여지도는 요즘 측량 기술로 만든 지도와 견주어 보아도 별로 모자란 점이 없을 만큼 정교하고 뛰어난 지도예요.

✱ 혼일강리역대국도지도

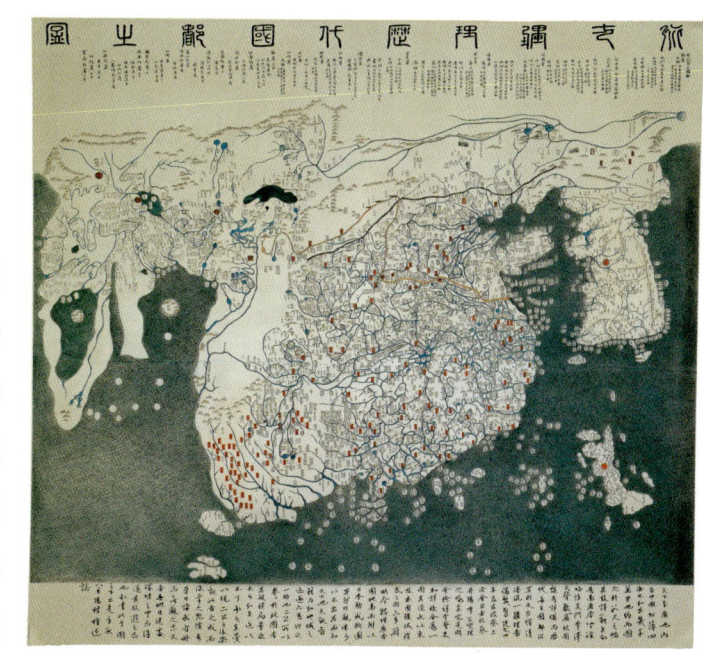

조선 시대에는 지도를 만드는 기술이 크게 발달해 아주 다양한 지도가 나왔어요. 이 가운데 세계지도는 우리나라가 둘레 나라들을 어떻게 생각하고 있는지 잘 보여 주지요. 세계지도 가운데 대표로 들 수 있는 지도가 바로 '혼일강리역대국도지도' 예요. 1400년대 초에 동양에서는 처음으로 만든 세계지도예요.

이 지도를 보면 중국, 조선 순으로 크게 그려져 있어요. 이건 그때 사람들이 중국을 세계의 중심으로 생각하고, 그 뒤를 잇는 두 번째 큰 나라를 우리나라로 생각했다는 걸 알 수 있어요. 하지만 유럽, 아라비아 반도, 아프리카가 표현되어 있다는 사실은 정말 놀라워요. 이것은 우리가 새로운 세계에도 관심을 기울이고 있었다는 사실을 말해 줘요.

석기와 혜진이는 김정호 아저씨한테 인사도 제대로 못하고 지도실을 빠져 나왔어요. 아저씨가 지도 고치기에 너무 몰두해서 방해가 될까 봐 걱정이 되었거든요. 둘은 혜진이가 들고 있던 지도를 타고 어느새 높은 산 위로 올라갔어요. 산 위에 오르니 어떤 큰 집에 여러 사람들이 모여 있는 모습이 보였어요. 자세히 보니 연회가 벌어지고 있는 것 같았어요.

"혜진아, 저길 봐! 사람들이 저기서 뭐 하는 거지?"

혜진이는 석기가 가리키는 곳을 한참 보고는 대답했어요.

"아, 어느새 대외교류실까지 왔구나. 저기는 왜관이라는 곳이야."

"왜관?"

"응. 일본 사람들이 조선에 와서 무역을 하거나 외교 사무를 보던 곳이지. 말하자면 외교 기관인 셈이야. 보통 저런 국가 행사는 화원들이 그림으로 남겨 놓아. 그러면 훗날 그 그림들을 보면서 우리나라와 교류를 맺은 이웃 나라와 우리의 관계를 살펴볼 수 있겠지?"

✻ 동래 원님이 일본 사신을 접대하는 그림

조선 후기 동래 부사가 초량 왜관에 닿은 일본 사신을 맞아 대접하는 장면을 그린 그림의 한 부분이에요. 겸재 정선이 그린 것으로 알려져 있지만 확실하지는 않아요. 이 그림은 여러 폭으로 나눠 그렸는데 동래 부사가 왜관 안으로 들어가는 모습, 일본 사신이 뜰 안에서 예를 올리는 모습, 동래 부사가 일본 사신한테 연회를 베푸는 장면들을 볼 수 있어요.

석기와 혜진이는 대외교류실을 거쳐 마침내 역사관 나가는 곳 앞에 다다랐어요. 이제 정말 헤어질 시간이 온 거예요.

"혜진아, 정말 고마웠어. 네 덕분에 역사관이 하나도 안 지루했어."

혜진이는 말없이 고개를 숙이고 웃기만 했어요. 왠지 혜진이도 아쉬워하는 것 같았어요.

"정말 보고 싶을 거야. 내가 문제를 다 풀고 용을 만나면 비밀의 문이 어디 있는지 꼭 물어볼게. 그래서 약속대로 책 많이많이 들고 꼭 다시 놀러 올게."

혜진이는 고개를 끄덕였어요.

"그래, 그럼 잘 가. 미술관 문제도 잘 풀고!"

혜진이는 손을 흔들어 주었어요. 그러고는 손에 든 마법의 지도를 좍 폈다 접었어요. 석기는 눈 깜짝할 사이에 2층으로 붕 날아올랐어요. 미술관으로 들어가는 곳이었어요.

석기는 정신을 차리고 가방에서 종이 두루마리를 꺼냈어요. 세 번째 문제가 한 획 한 획 붓글씨로 나타났어요.

미술관 문제: 문지기 용의 집을 찾아라!

'용의 집을 찾으라고?'

문제는 갈수록 어려워지는 것 같았어요. 하지만 역사관 문제를 풀고는 그만큼 자신감도 생겼어요.

'꼼꼼히 하나하나 살펴보면 분명 찾아낼 수 있을 거야. 난 할 수 있어!'

석기는 떨리는 마음으로 천천히 미술관 안으로 들어갔어요.

 ## 문지기 용의 집을 찾아라!

미술관의 첫 전시는 '서예실'이었어요.

서예실에 들어서자 낡은 집 한 채가 보였어요. 석기는 살금살금 까치발을 들고는 방문 앞으로 다가갔어요. 어쩌면 이곳에서 미술관의 좋은 친구를 만날 수 있을지도 모른다는 생각이 들었지요. 고고관 어귀에서 고래를 만났고, 역사관에서도 토끼와 혜진이를 만났잖아요.

석기는 잔뜩 기대를 품고 방문에 살짝 구멍을 뚫었어요. 사극에서 보던 것처럼 손가락에 침을 잔뜩 묻혀서 말이에요. 하지만 창호지에 구멍을 뚫는 순간, 석기의 그런 기대는 와르르 무너지고 말았어요.

"웬 놈이냐!"

그 소리가 어찌나 우렁차고 힘이 넘쳤는지 석기는 털썩 주저앉고 말았어요. 호통 소리는 한마디로 무시무시했어요.

'안내자는 무슨. 얼른 도망이나 가자!'

후닥닥 가방을 챙겨 일어서는데 어느새 석기 앞에는 꼿꼿하게 생긴 선비 하나가 서 있었어요.

"누, 누구세요?"

"너야말로 누구지? 누군데 내 시간을 방해하는 거냐."

"방해라뇨. 전 정말 조용하게 안을 들여다보았을 뿐인데……."

"난 종이에 구멍 내는 소리도 얼마든지 들을 수 있어. 그 어떤 것도 내가 글씨 쓰는 순간에는 꼼짝하지 않거든."

알고 보니 그 선비는 추사 김정희였어요. 학식 높은 선비로 그림도 잘 그리고 글씨로는 더욱 이름난 분이죠.

"죄송해요. 글 쓰시는 데 방해를 해서……."

석기가 잔뜩 주눅 든 얼굴로 말하자 김정희는 고개를 가로저으며 말했어요.

"아니다. 아직 어린 네게 선비의 품성을 기대하는 건 마땅치 않지. 하지만 명심하거라. 난 늘 내 제자들한테 '문자향 서권기(文字香 書卷氣)'를 가르쳐 왔단다. '문자향'이란 문자의 모양이나 조화에서 풍기는 기운이며, '서권기'는 학문과 독서를 하면서 얻는 지혜와 인품을 뜻하지. 모름지기 선비란 끊임없는 학문을 닦으며 마음을 수양하고 지식을 쌓아야 하는 법이야. 허허, 그새 졸고 있구나."

석기는 잠깐 감았던 눈을 번쩍 떴어요. 뭔가 좋은 말씀 같기는 했지만 석기가 듣기에는 너무 어려운 말이었어요. 석기는 그냥 빨리 이곳을 지나

치고 싶다는 생각이 들었어요. 하지만 여기에 용의 집이 있을지도 모른다는 생각에 머리를 세차게 흔들고는 정신을 차리려고 애썼어요.

"그런데 왜 이렇게 누추한 곳에 사세요?"

"어린 네게 설명하자면 그 사연이 참 길구나. 난 지금 이곳에 유배되었단다. 억울하고 분하지만 난 그 마음을 오로지 글씨에 드러낼 뿐이다. 선비의 진정한 벗은 붓과 종이니까."

✽ 왕희지와 구양순

우리나라 선비들의 글씨체에 가장 많은 영향을 끼친 중국의 서예가가 바로 구양순과 왕희지예요. 두 사람의 글씨가 오늘날까지도 한자 서예의 큰 축을 이루고 있다고 할 수 있어요. 중국 동진 사람인 왕희지는 '글씨의 신'이라는 소리를 들을 만큼 뛰어난 서예가예요. 조금 빨리 쓰는 초서에서부터 한 글자씩 정확히 쓰는 해서까지, 왕희지는 기품 있고 우아한 필치로 글씨를 예술의 경지로 끌어올렸다는 평가를 받고 있어요.

당나라 때 사람인 구양순은 단정하고 엄숙한 분위기의 글씨로 이름이 높아요. 한 자 한 자 집중해 온 정성을 기울여 써야 하는 서체라 비석이나 나무에 새기는 글씨에 어울려요.

✽ 우리나라 서예가들

중국의 서체는 우리나라의 많은 문필가들한테 새롭게 태어났어요. 대표로 들 수 있는 문필가는 한호, 김정희, 최치원, 김생, 안평대군 같은 사람이에요.

한호는 '석봉'이란 호로 더 잘 알려진 조선 시대 문필가예요. 한호는 외교 문서를 쓰는 관청에서 일했어요. 한호가 쓰는 문서들이 곧 나라의 얼굴이었던 만큼 한호의 글씨는 아주 반듯하고 깔끔했어요. 한호의 글씨는 힘을 강조했는데 조선 중기 때 크게 유행했지요. 석

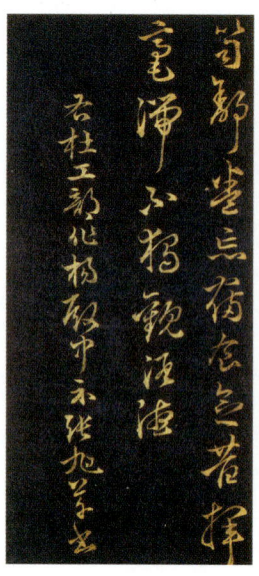
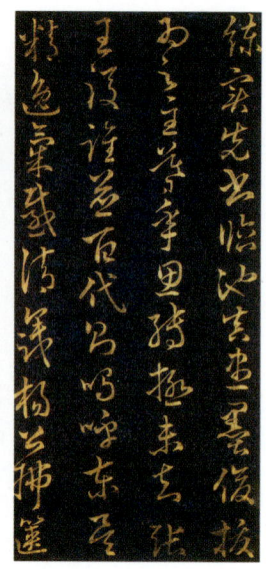

한석봉이 쓴 두보 시

봉 한호의 글씨를 사랑한 조선 14대 왕 선조는 석봉체로 천자문을 만들어 온 나라에 널리 보급하기도 했어요.

마침내 석기도 김정희한테 글씨를 잠깐 배우기로 했어요.

"자, 네가 쓰고 싶은 대로 한 번 써 보거라."

석기는 붓을 들어 글씨를 써 보았어요. 학교에서 붓글씨를 배운 적이 있지만 석기는 영 재주가 없었죠. 석기의 글씨는 비뚤배뚤 제멋대로였어요.

"허허!"

근엄한 얼굴로 바라보던 김정희도 석기의 글씨를 보더니 그만 헛웃음을 터뜨렸어요.

"이렇게 제멋대로인 글씨는 처음 보는구나! 지렁이가 친구하자고 하겠는걸?"

석기는 얼굴이 빨개졌어요. 역사관에서 혜진이와 주고받은 편지가 생각났기 때문이에요.

'혜진이도 지금쯤 내 편지를 보고 막 웃고 있는 거 아냐?'

어쩐지 석기는 마음이 괴로웠어요.

'멋진 모습을 보여 주고 싶었는데……. 난 왜 그동안 뭐 하나 제대로 배워 놓은 게 없는 거야?'

석기가 입을 비쭉거리자 김정희는 석기 얼굴을 뚫어져라 바라보았어요.

"왜 그렇게 시무룩하지? 인품이 한 번에 단련되는 것이 아니듯 글씨도 한순간에 나아지는 것이 아니란다. 조급해하지 말거라."

석기는 그제야 역사관에서 만난 혜진이 얘기를 꺼냈어요.

"헤어질 때 편지를 써서 서로 주고받았는데, 어쩌면 그 글씨체를 보고 저한테 정이 뚝 떨어졌을지도 몰라요."

김정희는 큰 소리로 웃음을 터뜨리고 말았어요.

"하하! 내 몇 년 만에 이렇게 웃어보는지. 지렁이 글씨체를 쓰는 어린 도령의 사랑이라……. 하하!"

"자꾸 웃지 마세요. 그럴수록 더 생각난단 말이에요."

석기는 문지기 용이 내 준 문제를 김정희한테 물어보았어요. 빨리 문제를 풀어야 박물관 비밀의 문을 알 수 있을 테고, 그 비밀의 문을 알아야 언제든 역사관의 혜진이를 다시 만날 수 있을 테니까요.

"어린 도령을 곁에 두고 말벗이나 하며 글씨를 가르쳐 줄까 했더니 안 되겠구나. 얼른 다음 전시실로 떠나서 답을 찾아 보렴. 아무래도 이곳 서예실에는 답이 없는 것 같구나."

석기는 김정희의 집을 나왔어요. 혼자서 한참 걷다 보니 자꾸 심심해졌어요. 눈에 보이는 풍경은 아름다운데 혼자서 그걸 보려니 왠지 허전함이 밀려왔어요.

그때 저쪽에서 무언가가 흐릿하게 보였어요. 어떻게 보면 사람 같고, 어떻게 보면 바위 같고. 가까이 다가가니 희미한 간판이 보였어요.

'회화실'

안으로 들어가 보니 한 할아버지가 평온한 얼굴로 바위에 팔을 걸친 채 느긋하게 앉아 있었어요. 석기도 잠시 쉬어갈 겸 할아버지 곁에 앉았어요.

"할아버지, 혹시 박물관 문지기 용이 어디에 사는지 아세요?"

꼼짝도 안 하고 물만 바라보던 할아버지가 천천히 입을 열었어요.

"문지기 용이라……. 글쎄다. 난 그저 이곳에서 물을 보며 사색하는 걸 즐기며 살아왔는데 용은 본 적이 한 번도 없구나. 차라리 바람에 흩날리는 저 매화 꽃잎한테 물어보는 게 어떨까? 바람 따라 어디든 가니 혹시 용을 만나 봤을지도 모르지 않겠느냐?"

할아버지 말이 끝나자마자 정말 어디선가 매화 꽃잎이 흩날려 왔어요. 석기는 벌떡 일어나 꽃잎이 날아오는 쪽으로 발걸음을 옮겼어요. 마침

내 석기는 숲 속에서 커다란 매화나무를 만났어요. 매화나무는 눈부시게 아름다웠어요. 하지만 매화나무도 용의 집을 몰랐어요.

"한 번도 용을 본 적이 없는걸 어떡하나? 차라리 물에 사는 게한테 물어보렴. 게는 물속이든 물가든 잘 돌아다니니까 용의 이야기를 알고 있을지도 몰라."

석기는 다시 까만 게를 찾아갔어요. 게들은 무리 지어 빠르게 기어 다니고 있었어요.

"애들아, 혹시 이곳 어딘가에서 용을 본 적이 있어?"

석기가 따라오며 묻자 게들은 눈을 깜빡이며 멈춰 섰어요.

"용이라고?"

게들은 모두 고개를 갸웃거리기만 했어요.

"글쎄. 우린 물고기는 여럿 만나 봤지만 용은 잘 모르겠는걸?"

✱ 강희안 〈고사관수도〉

조선 전기는 중국의 다양한 화법 위에 우리만의 정서를 가득 담은 회화 미술이 활짝 꽃핀 시기예요. 특히 '도화서'(직업으로 그림을 그리는 화공이 모인 관청)를 중심으로 한 화가들과 사대부 선비들이 그림의 수준을 한 단계 끌어올렸지요. 도화서를 대표하는 화가 안견과 사대부 선비 화가 강희안은 조선 전기 회화를 이끈 대표 인물이에요.

강희안의 대표 작품인 '고사관수도'는 물을 바라보는 선비를 그린 그림이에요. 동양화에서 물과 바위는 선비들이 즐겨 그린 소재예요. 한결같이 흐르는 맑은 물과 거센 비바람과 매서운 눈서리에도 꿈쩍하지 않는 바위는 선비 정신을 잘 보여 준다고 생각했거든요.

이 그림 속 바위와 물, 선비는 힘을 빼고 거칠고 단순하게 묘사되었어요. 하지만 그 어떤 그림보다 힘찬 생명의 기운이 느껴져요. 그래서 그림 속 선비의 자세와 표정을 보면 이내 마음이 고요해지는 것 같아요.

✱ 조희룡 〈홍매도〉

선비들이 즐겨 그리던 그림 소재 가운데 빼놓을 수 없는 것이 '사군자'예요. 사군자란 매화, 난초, 국화, 대나무를 말해요. 이 네 가지 자연이 군자의 어진 인품과 향기를 닮았다고 해서 즐겨 그렸지요.

사군자를 많이 그린 시기는 조선 후기 문인화 열풍이 불 때였어요. 이때부터 사군자를 묶어서 한 벌로 많이 그렸지요. 김정희를 스승으로 모신 조희룡은 사군자 그림에 아주 뛰어났어요. 매화를 아주 좋아해서 매화 그림을 많이 남겼지요. 매화를 어찌나 사랑했는지 매화 꽃잎으로 차를 마시고, 매화 시를 읊고, 매화 병풍을 두르고 살았다고 해요.

✱ 장승업 〈게〉

장승업은 조선 시대 마지막 천재 화가로 알려져 있어요. 천민 신분을 뛰어넘어 으뜸 화원 자리에까지 올랐지만, 곧 궁궐을 떠나 자유롭게 예술혼을 불사른 기인이었지요. 장승업은 화조화, 영모화, 인물화, 산수화, 기명절지화 같은 거의 모든 분야의 그림을 골고루 잘 그렸어요. 장승업의 그림을 본 사람들은 한결같이 '기운생동' 이라는 표현을 썼어요. 이 말은 장승업의 그림이 마치 살아있는 것처럼 생생하고 기운이 넘친다는 뜻이죠. 이 그림 속 게들도 실제 살아서 화폭 밖으로 기어나올 것만 같지요?

회화실을 막 빠져나가려던 참이었어요. 발을 내딛던 석기는 앞에 뭔가 어른거리는 것을 피하려다 그만 발을 삐끗하고 말았어요.

"아야!"

허리를 숙여 자세히 보니 까만 게 두 마리가 집게를 들더니 인사를 했어요.

"혹시 네가 미술관에서 길을 잃을까 봐 따라왔어."

"거짓말하지 마. 너도 용의 집이 궁금해서 따라온 거잖아."

게 두 마리는 서로 그렇게 옥신각신했어요. 그러더니 속마음을 들켜서 부끄러웠는지 갑자기 집게로 눈을 가렸어요.

"좋아. 따라 와! 나야 친구가 둘씩이나 생겨서 정말 신 나는걸?"

게들은 집게발로 딱딱 소리를 내며 박수를 쳤어요.

"자, 다음은 불교 회화실이야!"

"부처님 얼굴 보러 어서 가자고!"

게들은 자기들이 더 신이 났는지 석기보다 더 빠르게 옆으로 걸어갔어요. 석기는 게들의 뒤를 따라갔어요.

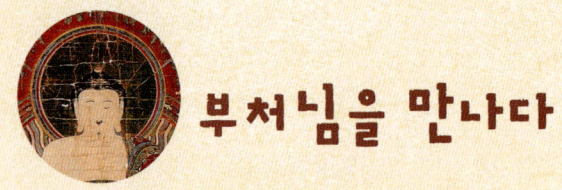
부처님을 만나다

　다음 전시실에 들어서니 고요함이 석기의 온몸을 둘러싸는 느낌이 들었어요. 게도 갑자기 살금살금 소리를 안 내고 걸음을 옮겼어요. 어둠 속에서는 서서히 그림들이 나타났어요.
　어느새 눈앞에는 커다란 불교 그림이 걸려 있었어요. 엄마 따라 절에 갔을 때 본 그림과 비슷한 것들도 있었어요. 게도 석기도 어쩐지 엄숙한 마음이 들었어요. 공손히 인사를 올린 석기는 용기를 내어 그림 속 부처님한테 물었어요.
　"부처님! 도와주세요. 저는 지금 이 박물관에 갇혀 버렸는데 빠져 나가려면 문제를 풀어야 해요. 제발 답을 좀 가르쳐 주세요."
　부처님은 아무 대답도 없었어요. 그러자 옆에 있던 게도 집게발을 모아 같이 기도를 했어요.
　"부처님. 혹시 용의 집이 어딘지 알고 계신지요?"

부처님은 여전히 아무 대답이 없었어요. 석기와 게들은 꼼짝도 안 하고 그 앞에 앉아 기도를 했어요. 얼마나 시간이 흘렀을까요? 그림 속 부처님이 마침내 입을 열었어요.

"나는 답을 모른다."

"에이, 그런 게 어디 있어요? 부처님이 모르시면 누가 안다고요!"

그러자 부처님이 잔잔하게 웃으며 말했어요.

"아이야, 찾고자 하는 사람한테는 반드시 보일 것이니 이곳 미술관의 유물들을 사랑으로 들여다보렴. 나는 답을 모르지만 네가 답을 찾을 수 있다는 것은 안단다."

답은 얻지 못했어도 석기는 부처님 말씀에 힘이 샘솟았어요. 앞으로 남은 유물들을 더 사랑스러운 눈길로 바라보겠다고 다짐했어요. 그런데 그렇게 자세히 보다 보니 불교 그림에서 그동안 알아차리지 못한 것을 발견했어요. 바로 부처님의 손 모양이었어요. 그림 속 부처님은 저마다 다른 손 모양을 하고 있었어요. 석기는 옆을 졸졸 따라다니던 게한테 귓속말로 소곤소곤 물었어요.

"게야, 그림을 잘 봐. 부처님의 손 모양이 조금씩 달라. 그림 제목에 나오는 부처님 이름도 다르고. 왜 그런 거지?"

"음, 아주 좋은 질문이야!"

오랜만에 게가 집게발을 한층 높이 세우더니 마치 이때를 기다려왔다는 듯 설명을 늘어놓았어요.

"부처님의 손 모양에는 다 깊고 깊은 뜻이 담겨 있어. 그냥 기분 내키는 대로 하신 게 아니란 말이지."

✱ 부처님의 이름과 손 모양

- **석가모니** | 이 세상에 인도의 왕자로 태어난 부처예요. 손으로 땅을 가리키며 악마를 눌러 이기는 손 모양이에요.
- **약사불** | 사람들의 질병을 고쳐 주거나 목숨을 늘려 주는 부처예요. 왼손에 약병이나 약 상자를 들고 있어요.
- **비로자나불** | '진리'를 상징하는 부처예요. 한 손이 다른 손 검지를 쥐고 있는 모양이에요. 이는 중생을 감싼다는 뜻이에요.
- **아미타불** | 극락세계를 다스리는 부처예요. 설법하는 상대에 따라 아홉 가지 서로 다른 손 모양을 하고 있어요.
- **미륵불** | 불교에서 다음 세상에 나타날 것으로 믿는 부처. 보통 한 팔은 아래로 늘어뜨리고 다른 팔은 가슴 높이로 들어 두 손바닥 모두 밖으로 보이게 해요.

✱ 영취산에서 설법하는 석가모니불

불화(불교 회화)는 불교 교리와 가르침을 표현한 그림이에요. 보통은 법당에 걸어놓는 그림을 일컫지만, 그 밖에 법당 안팎을 장식하는 그림이나 불교 경전의 내용을 설명하는 그림까지 폭넓게 아우르지요.

이 그림은 법당의 부처상 뒤에 놓으려고 그린 그림이에요. 석가모니가 진리를 깨달은 뒤 열반에 들 때까지 설법한 장면을 그림으로 나타냈어요. 석가모니 둘레에 보살과 제자들이 호위하듯 서 있지요. 보살은 위로는 부처를 따르고 아래로는 뭇사람을 바르게 이끄는 부처에 버금가는 성인을 뜻해요.

영취산은 고대 인도의 마가다국 수도 왕사성에 있는 산으로 석가모니불이 법화경을 강의한 곳이에요. 이곳에서 행한 설법은 부처의 가르침 가운데 가장 뛰어난 것으로 불화 소재로 가장 자주 쓰이고 있어요.

게의 설명을 듣고 불교회화를 다시 보니 그림 보는 재미가 두 배로 늘어났어요.

'역시 아는 만큼 보인다더니.'

그러다 발을 내디딘 석기는 갑자기 눈앞이 캄캄해졌어요. 머리카락이 쭈뼛 서는 것만 같았죠. 어느새 미술관 전시가 끝나버린 거예요.

"안 돼! 난 아직 문제를 못 풀었단 말이야!"

어디서도 용을 못 찾은 석기는 울고만 싶었어요.

'이러다 집에 못 돌아가는 건 아닐까?'

즐겁게 그림을 감상하던 석기의 마음속에 다시 두려움이 싹터 올랐어요. 그러자 게가 팔짱을 낀 채 걱정하지 말라는 투로 말했어요.

"괜찮아! 아직 미술관 전시는 안 끝났어. 이제 겨우 미술관 1관을 보았을 뿐인걸. 아무 걱정 말고 우릴 따라 와."

"후유, 살았다. 너희가 없었으면 당황할 뻔했어."

석기는 가슴을 쓸어내리고 게를 따라 3층 불교 조각실로 올라 갔어요. 불교 조각실에 들어서자 커다란 조각상이 손 들고 인사를 했어요. 석기도 반갑게 손을 흔들었어요.

"안녕하세요. 미륵보살 부처님!"

부처님도 슬그머니 웃음을 지었어요.

"내 이름을 정확하게 알고 있다니 놀랍구나."

석기는 부처님의 손 모양을 보고 단박에 이름을 알 수 있었죠. 석기는 그런 자신이 대견해 어깨를 으쓱거렸어요.

✱ 통일신라 석조 미륵보살

통일신라 시대는 불교 조각의 전성기로 일컬어져요. 삼국 시대에 쌓은 기술과 경험 그리고 당나라 불교 조각의 영향을 조화롭게 더해 조각의 예술성이 으뜸에 달했죠. 불상의 얼굴은 훨씬 부드럽고 섬세해졌으며, 얇은 옷자락도 진짜처럼 자연스럽게 표현되었어요.

불교 조각실에 쌍둥이처럼 서 있는 불상은 감산사 석조 미륵보살 입상(오른쪽 사진, 국보 81호)과 감산사 석조 아미타불 입상이에요. 이 불상들은 통일신라 때 만든 것으로 매우 세련되고 섬세한 모습이 특징이에요.

부처의 등 뒤에서 나오는 빛을 나타낸 광배 뒷면에는 신라 성덕왕 때 김지성이라는 사람이 돌아가신 부모님께 바치려고 만들었으며, 미륵보살은 어머니께, 아미타불상은 아버지께 드리려고 만든 것이라 새겨져 있어요.

석기는 용을 찾아 조각상을 뚫어져라 하나하나 살펴보았어요. 하지만 박물관 어귀에서 만난 문지기 용은 보이지 않았어요. 갑자기 게들도 어디론가 사라졌어요.

'게들이 어디 갔지?'

두 마리 게는 그 옆에 나란히 선 부처상 두 개 앞에 똑같이 서서 감상을 하고 있었어요. 부처상은 마치 쌍둥이 같았지요.

"아, 정말 부드럽고 섬세해."

"맞아. 마음이 차분해지는 것 같아."

두 마리 게는 감동받은 눈치였어요.

도공이 새긴 무늬

아름다운 불상 앞에서 잠시 시름을 잊고 있을 때였어요.

"두웅, 두웅……."

어디선가 종소리가 들려왔어요. 종소리는 커졌다가 잦아들고, 다시 커졌다가 잦아들기를 되풀이했어요. 영원히 이어질 것처럼 종소리의 울림은 깊고 아름다웠어요.

석기와 게들은 종소리에 홀린 듯 걸어갔어요. 정신을 차리고 보니 그들은 어느새 '금속공예실' 안에 들어와 있었어요. 종 소리는 천흥사 종에서 흘러나오고 있었어요.

"와, 찾았다! 용이다!"

게 한 마리가 갑자기 호들갑을 떨면서 소리쳤어요.

"어디, 어디?"

석기는 두 눈을 비비고는 종을 뚫어져라 바라보았어요. 하지만 용은 안 보였어요. 마치 숨은 그림을 찾는 것만 같았죠. 석기는 게가 가리키는 곳을 보았어요. 바로 종 위쪽이었어요.

"우아, 정말 용이다!"

✱ 천흥사 동종

천흥사 동종은 고려 초기인 1010년에 만들었어요. 국보 280호로 높이는 1.33미터예요. 범종은 절에 매달아 때를 알리거나 의식을 행할 때 울렸어요. 천흥사 종은 고려 시대 범종을 대표하는 것으로 언뜻 보면 신라 시대 종과 비슷해 보이지요. 다만 용뉴(종을 매다는 고리 부분)에 용이 여의주를 물고 있는 점과 비천상이 합장하고 있는 것, 만든 때와 장소를 알려주는 글씨를 새겨 놓은 것은 고려 시대 종에서만 엿볼 수 있는 특징이에요.

✱ 금속공예

금속공예는 금, 은, 구리, 철과 같은 금속이 지닌 특성을 이용해 만든 공예품이에요. 우리 조상들은 예부터 금속을 다루는 기술이 뛰어났어요. 가야와 삼국 시대로 이어진 뛰어난 금속공예 기술은 점점 발전해서 고려 시대에 와서는 더욱 빛을 발했어요.

종 고리 부분에 분명히 용이 새겨져 있었어요. 석기는 자신 있게 문지기 용이 준 종이 두루마리를 꺼냈어요. 그리고 막 답을 쓰려던 참이었어요. 그때 갑자기 저쪽에 있던 물가무늬정병 속의 버드나무가 사정없이 흔들렸어요. 종소리도 그친 지 오래고 바람 한 점 안 불었는데 버드나무는 씽씽 소리를 내며 흔들렸지요.

'왜 그러지?'

마치 나무가 이렇게 말하는 것 같았어요.

'아니야, 아니야. 다시 찾아보렴.'

석기는 게들한테 말했어요.

"그런데 자꾸 볼수록 문지기 용은 아닌 것 같아. 문지기 용이랑 천흥사 종의 용은 생김새가 많이 달라."

게들도 다시 고민에 빠졌어요. 석기가 다시 문제지를 가방 속에 넣자 신기하게도 버드나무는 잠잠해졌어요.

'내 생각이 옳다는 뜻인가? 거참 신기하네.'

석기는 기분 좋은 예감이 들었어요. 이제 곧 용의 집이 석기 눈앞에 나타날 것만 같았어요.

✱ 물가 풍경 무늬 정병

고려 시대를 대표하는 불교 공예품인 정병은 본래 스님이 꼭 지녀야 하는 물건이었어요. 깨끗한 물을 담는 물병을 부처님 앞에 정수를 바치는 공양 그릇으로 썼지요. 그래서 정병을 만들 때는 온갖 정성을 다 기울였어요.

12세기에 만들어진 것으로 짐작이 가는 이 정병의 정식 이름은 '청동 은입사 포류수금문 정병'(국보 92호)이에요. 재질이 청동이고, 은 가루를 실처럼 만들어 끼워 넣는 방법으로 버들과 물짐승 무늬를 넣었다는 뜻이지요. 고려 시대에는 청동 정병을 많이 만들었는데, 이처럼 겉면을 파서 은실을 끼워 넣는 '은입사 기법'으로 세련된 맛을 더했어요. 물가에서 낚시하는 사람들과 물위를 노니는 물새, 바람에 살랑거리는 버드나무 무늬가 금속에 새긴 것이라고 하기에는 정말 화려하고 섬세해요.

"얘들아, 배고프지 않아?"

과거 시간에서는 시간이 어떻게 흐르는지 알 수 없었어요. 하지만 박물관에 갇힌 뒤 처음으로 석기 배 속에서 꼬르륵 소리가 났어요. 게들은 아직 끄떡없는 눈치였어요.

그때 저쪽에서 사람 소리가 들렸어요. 석기는 반가운 마음으로 달려갔어요.

"혼자 가면 어떡해! 같이 가!"

게들도 정신 없이 석기를 뒤따라 갔어요.

석기가 다다른 곳은 가마터였어요. 도공들 여럿이서 도자기를 만들고 있었어요. 마침 한 도공이 도자기를 앞에 놓고 열심히 무늬를 새겨 넣고 있었지요.

'여기서 무얼 좀 얻어먹어야겠다.'

석기는 도공한테 말을 붙여 보려고 아는 지식을 다 끌어냈어요.

"아저씨, 이게 바로 청자죠?"

그러자 게 한 마리가 집게발로 가위 표를 그리면서 끼어들었어요.

"이게 무슨 청자야. 백자잖아. 여기 흰 빛깔 안 보여?"

"아니야, 청자야!"

"무슨 소리! 백자라니까!"

석기와 게가 떠드는 소리에도 도공은 아랑곳하지 않고 말없이 무늬만 새겼어요.

"됐다!"

도공은 흡족한 얼굴로 도자기를 바라보며 입을 열었어요. 이렇게 빚은 도자기들은 다시 뜨거운 가마 속으로 들어갔어요. 일을 마친 도공은 그제야 석기와 개들을 보며 말했어요.

"요 녀석들아, 이름은 제대로 알아야지. 여기 있는 도자기는 '분청사기'라고 하는 거야.

도자기 만드는 기술이 고려 때부터 발달한 건 잘 알고 있지? 상감 기법과 같은 청자 만드는 기술이 아주 대단했지. 하지만 원나라의 침입이 잦아지자 우리 도공들은 예전처럼 마음껏 좋은 재료로 청자를 빚어낼 수 없었어. 그래서 상감 청자 만들 때 쓰던 흰 흙으로 새로운 자기를 만들게 되었는데 그게 바로 분청사기야."

석기는 곳곳에 흩어져 있는 완성된 분청사기들을 둘러보았어요.

"전 청자보다 분청사기가 더 좋은데요? 무늬도 훨씬 다양하고 재미있는 것 같아요."

"오, 분청사기를 볼 줄 아는구나. 맞아. 분청사기는 모양이나 무늬가 자유롭고 담백한 것이 참 맛이지. 사실 나도 청자보다는 분청사기 굽는 것이 훨씬 재미있단다."

석기는 정말 분청사기가 맘에 들었어요. 정말 무늬와 모양이 다양해 아무리 봐도 싫증이 안 났지요. 분청사기 덕분에 석기는 도공들한테 맛있는 밥도 얻어먹었어요. 밥 그릇, 국 그릇 모두 분청사기였어요. 배가 부르자 석기는 그제야 자신이 풀어야 할 문제가 생각났어요. 그래서 혹시나 하는 마음으로 도공들한테 물어보았어요.

"아저씨, 혹시 문지기 용이 사는 곳을 아세요?"

"문지기 용이라……. 난 잘 모르겠구나. 내가 아는 용은 내가 그린 용뿐이란다."

"아저씨가 그린 용이라고요?"

"그래. 네가 이곳에 왔을 때 내가 막 완성한 도자기지."

'용'이라는 말에 석기는 가슴이 쿵쿵 뛰었어요.

"아저씨, 그 도자기 지금 볼 수 있어요?"

"잠깐만 기다리렴. 곧 가마에서 꺼낼 때가 됐으니까."

석기는 초조한 마음으로 기다리고 또 기다렸어요.

드디어 도공이 가마에서 도자기들을 꺼냈어요. 죽 늘어선 분청사기들을 보는 석기의 얼굴이 갑자기 환하게 밝아졌어요.

"용이다!"

그건 분명 문지기 용과 똑같이 생긴 용이었어요. 이 분청사기에서 생명을 얻어 나온 용이 틀림없었어요. 갑자기 석기의 온몸에 기운이 스르르 빠져나가는 것 같았어요. 석기는 그만 자리에 털썩 주저앉고 말았어요. 깜짝 놀란 게들이 달려와 등을 토닥거려 주었어요.

"답을 찾아서 정말 다행이야. 우리가 안내를 잘 못하면 어떡하나 걱정했거든."

✱ 구름 용 무늬 항아리

조선 초기인 15세기쯤에 만든 국보 259호 분청사기예요. 고려청자와 같은 세련된 맛은 없지만 왠지 모를 당당함이 눈길을 잡아 끌지요?

분청사기는 고려 말에서부터 조선 초기까지 200년 남짓 우리 겨레가 쓰던 그릇이에요. 조선 초기에는 지방의 가마를 중심으로 분청사기를 활발히 생산했어요. 청자보다는 훨씬 손이 덜 가는 분청사기는 한 번에 많은 양을 만들 수 있었지요. 그래서 보통 백성들까지 널리 쓸 수 있었어요.

"고마워."

석기는 마지막으로 게들과 악수를 나누었어요.

'이제 마지막 한 문제만 풀면 집으로 돌아갈 수 있어.'

석기는 어느덧 박물관 여행의 끝이 보이는 기분이 들었어요.

세 번째 답까지 찾은 석기는 마지막 하나 남은 문제를 펼쳐 보았어요.

아시아관 문제 : 하늘과 땅을 지은 신들의 이름을 찾아라!

"신들의 이름?"

석기는 드디어 마지막 문제를 들고 3층 '아시아관'으로 걸음을 내디뎠어요.

네 번째 마당
아시아관 | 기증관

- 인도·동남아시아
- 신안해저문화재실
- 중앙아시아 / 중국실
- 일본실
- 3F 아시아관

- 이우환실 / 유창종실
- 유강열실
- 박영숙실
- 기증문화재실
- 이홍근실
- 가네코실
- 하치우마실
- 최영도실·박병래실
- 2F 기증관

이렇게 관람하세요! 〈아시아관〉 인도·동남아시아실 ➔ 중앙아시아실 ➔ 중국실 ➔ 신안해저문화재실 ➔ 일본실 ➔ 〈기증관〉 이홍근실 ➔ 기증문화재실 ➔ 김종학실 ➔ 유강열실 ➔ 박영숙실 ➔ 최영도실 ➔ 박병래실 ➔ 유창종실 ➔ 가네코실 ➔ 하치우마실 ➔ 이우환실

 하늘과 땅을 지은 신의 이름을 찾아라!

아시아관에 들어선 석기는 인도와 베트남을 지나 중앙아시아 전시실로 들어섰어요. 석기는 이곳에서 독특한 그림 하나가 눈에 들어왔어요. 두 사람이 몸을 꼬아 하나가 된 듯한 묘한 그림이었지요. 석기는 저도 모르게 말을 걸고 싶어졌어요.

"저, 저는 한국의 어린이 구석기라고 해요."

그림 속 두 사람은 아무런 움직임도 없었어요.

'아무래도 내 말을 못 알아들었나 봐.'

하지만 곧이어 돌아온 대답은 석기의 귀를 번쩍 뜨게 했어요.

"무엇이든 물어봐요. 우리는 모든 것을 아는 신들이니까."

"정말이요?"

석기의 눈이 반짝 빛났어요.

"저는 아시아관의 마지막 문제를 풀어야 해요. 문제는 하늘과 땅을 지은 신들의 이름을 알아내는 거예요."

석기의 말에 두 사람은 눈을 크게 뜨더니 몸을 스르르 풀었어요. 그러고는 석기 앞에 환한 얼굴로 섰어요. 그 가운데 손에 컴퍼스를 든 여신이 말했어요.

"세상에, 그건 세상에서 가장 쉬운 문제군요. 바로 우리 이름을 묻는 거니까요."

석기는 어리둥절해졌어요. 눈앞에 선 두 사람이 하늘과 땅을 지은 신이라는 게 믿기지 않았어요.

"저, 정말이에요?"

그러자 이번에는 기역 자로 구부러진 자를 든 남신이 대꾸했어요.

"그럼. 바로 우리가 하늘과 땅을 지은 신들이지. 내 이름은 복희, 여기 여신 이름은 여와라고 해."

석기는 뛸 듯이 기뻤어요.

"고맙습니다. 정말 고맙습니다! 전 이제 집에 돌아갈 수 있게 됐어요!"

하지만 석기가 너무 흥분을 했나 봐요. 돌아서자마자 '꽈당' 넘어지고 말았어요. 그 모습을 지켜보던 두 창조신은 다시 서로의 몸을 휘감더니 아주 세게 휘파람을 불었어요.

"휘이익!"

그러자 어디선가 말 한 마리가 달려 왔어요. 아주 화려한 털빛을 지닌 멋진 말이었지요. 잘 빠진 말은 금세 천 리도 달려갈 듯 날렵해 보였어요.

두 창조신은 함께 석기를 번쩍 들어 말 위에 앉혀 주었어요.

"삼채 말아, 이 소년을 시간의 처음으로 데려다 주렴."

석기가 얼떨결에 말의 옆구리를 차자 말은 순식간에 전시실을 빠져나가 공중 위로 날아 올랐어요. 그리고 처음 문지기 용을 만난 박물관 어귀에 석기를 내려놓았어요.

✱ 창조신 복희와 여와

중국 투르판 아스타나 무덤 방 천장에서 발견된 벽화예요. 복희와 여와는 중국 천지창조 신화에 나오지요. 복희는 구부러진 자, 여와는 컴퍼스를 들고 있는데 이는 네모난 땅과 둥근 하늘을 상징한다고 해요. 또 해와 달, 별을 그려 넣어 그때 중국 사람들의 우주관을 잘 나타내고 있어요.

✱ 삼채 말

중국 당나라에서 만든 말 도자기예요. '삼채'는 녹, 황, 백, 갈, 적과 같은 다양한 물감을 칠해 산화시켜 구운 도자기를 말해요. 꼭 세 가지 빛깔만을 쓴 도자기는 아니란 얘기죠. 실크로드를 통해 교류할 때 말과 낙타가 주요 교통수단이었기 때문에 중국에는 낙타와 말 모양의 자기가 많아요. 이렇게 삼채로 만든 말은 무덤의 껴묻거리로 많이 쓰이기도 했어요.

✱ 2층 기증관에는 어떤 유물이 있을까?

국립중앙박물관에는 여러 사람들이 기증한 유물을 따로 모아 전시하는 곳이 있어요. 바로 2층에 있는 기증관이에요. 오래된 귀한 유물을 다른 사람들과 함께 나누려고 선뜻 나라에 기증한 마음이 더욱 값져 보여요.

마라톤 우승 투구

손기정 선생이 기증한 유물이에요. 1936년 독일 베를린 올림픽 때 그리스의 한 신문사는 마라톤에서 우승한 선수한테 고대 그리스 제우스 신전에서 발굴한 이 투구를 선물로 주겠다고 약속했지요. 이 올림픽 마라톤 경기에서 손기정 선생은 세계 신기록을 세우며 금메달을 땄어요. 하지만 이 투구는 그때 전달하지 못하고 그리스의 한 박물관에서 보관해 오다가 50년 뒤인 1986년 비로소 손기정 선생한테 전달했어요.

두꺼비 연적

박병래 선생은 청화백자, 분청사기, 순백자와 같은 여러 도자기를 기증했어요. 붓글씨를 쓸 때 쓰는 연적은 사랑방을 장식하는 멋진 소품 구실도 했지요.

"문제를 모두 풀었어요! 문제를 다 풀었다고요!"

말에서 내린 석기는 종이 두루마리를 흔들며 소리쳤어요. 석기의 목소리는 박물관 안에 마치 깊은 종소리처럼 울려 퍼졌어요. 그러자 어디선가 스르르 문지기 용이 나타났어요.

"음, 생각보다 빨리 풀었군."

용은 처음 만났을 때보다 훨씬 밝아진 얼굴로 석기가 내민 종이 두루마리를 받아 들었어요.

"자신 있나?"

석기는 목에 힘을 주고는 고개를 끄덕였어요. 그런데 이게 어찌된 일일까요? 용은 석기가 쓴 답을 확인도 안 한 채 문제지를 입에 넣더니 꿀꺽 삼켜버리는 게 아니겠어요?

"아니, 애써 찾은 답을 보지도 않고 이게 무슨 짓이에요!"

 석기는 너무나 놀라서 입을 다물지 못했어요. 종이를 다 먹어 버린 용은 입으로 불꽃을 한 번 내뿜더니 천천히 말했어요.
 "이제 모든 진실을 얘기하지. 솔직히 말하자면 난 처음부터 문제 따위는 중요하지 않았어. 박물관에서 중요한 건 그런 답이 아니야. 다만 네가 박물관 유물들과 조금이라도 더 친해지길 바라는 마음에서 일부러 문

제를 낸 거야. 이 문제를 풀면서 네가 유물 몇 개라도 더 기억할 수 있다면 그것으로 됐어."

"뭐라고요?"

석기는 어쩐지 힘이 쭉 빠지는 느낌이었어요.

"왜 그러지, 꼬마 소년? 이제 집으로 돌아가게 되었는데 말이야. 자, 눈을 감아. 곧 집으로 보내 줄 테니."

"잠깐!"

석기는 다급하게 물었어요.

"다시 이곳으로 오려면 어떻게 해야 하죠? 혜진이한테 내가 읽던 책들을 꼭 갖다 준다고 약속했단 말이에요."

그 물음에 문지기 용은 빙그레 웃을 뿐이었어요.

"잘 가, 구석기 어린이! 오늘 겪은 추억을 잊지 말도록!"

 탑을 돌다

그 다음 어떻게 됐는지 석기는 도무지 알 수가 없어요. 눈을 떠보니 석기는 어느새 박물관 밖에 서 있을 뿐이었죠.

'도대체 어떻게 된 일일까?'

석기는 머리를 세게 흔들어 보았어요. 하지만 정말 시간이 뚝 끊긴 듯 기억들은 도무지 하나로 이어지지 않았어요.

석기는 둘레를 살펴보았어요. 마침 석기가 서 있는 곳은 야외 전시실 지광국사 현묘탑 앞이었어요. 탑들은 하늘로 우뚝 솟아 있었어요. 석기도 멀거니 하늘을 올려다보았어요.

❋ 탑

탑이란 말은 원래 고대 인도에서 '부처의 유골인 사리를 봉안하려고 만든 건축물'이라는 뜻의 '스투파'에서 나왔어요. 석가모니가 보리수 아래에서 열반에 오른 뒤 화장을 했는데 그때 나온 사리를 인도의 여덟 나라에서 나누어 가져다가 탑을 세우고 그 안에 사리를 모

셨거든요.

그 뒤 불교 사찰에서는 부처의 진신 사리나 불경, 불상을 봉안한 탑을 짓기 시작했어요. 우리나라에 불교가 들어온 뒤 얼마 동안은 목탑을 주로 만들다가 7세기부터 석탑을 만들었어요. 석탑은 부처님의 사리를 봉안한 불탑이라고도 하고, 고승의 사리나 유골을 모신 탑은 승탑이라고 해요. 불탑은 여러 층을 쌓지만 승탑은 대개 한 층만 쌓아요. 부처님을 높이기 위함이지요.

✱ 남계원 칠층석탑

국보 100호. 경기도 개성시 남계원 절터에 있던 탑으로 고려 시대 석탑의 특징이 잘 드러나 있어요. 1915년에 경복궁으로 옮겨왔고, 2005년에 다시 국립중앙박물관 석조 정원으로 옮겨 세웠어요. 이 탑 안에서 고려 충렬왕 9년(1283)에 봉안한 것으로 보이는 쪽물을 들인 종이에 은물로 글씨를 쓴 경전이 나오기도 했어요.

✱ 경천사 십층석탑

국보 86호. 고려 충목왕 때 경기도 개풍군 부소산 경천사에 세운 탑이에요. 원나라의 영향을 받은 탑으로 그때 사람들이 보기에는 아주 독특한 탑이었지요. 숫자 '10'은 완전한 것, 모자람이 없는 것을 뜻해요. 진리의 세계가 어떤 것인지를 보여 주려고 아래쪽에는 불교가 전해지는 과정을, 위쪽에는 불교가 발전해 나가는 모습을 새겼어요. 이 탑은 일제 강점기 때 일본으로 몰래 빼돌려진 것을 1960년에 되찾아온 것이에요.

✱ 불탑 구조

상륜부 | 탑의 가장 윗부분, 마지막 지붕 위에 놓인 부재들을 말해요

탑신부 | 기단부 위에 놓인 부재로 몸통에 해당하는 탑신석과 지붕에 해당하는 옥개석을 말해요. 탑의 수를 헤아리는 부분이지요.

기단부 | 가장 아랫면에 있는 부분으로 지면으로부터 높게 만든 단이에요. 보통 단층 기단과 2층 기단 두 종류가 있어요.

박물관을 나서며

'내가 잠깐 꿈을 꾼 걸까?'

석기는 문득 조선 시대 소녀 혜진이와 주고받았던 편지가 떠올랐어요.

'그래, 책가방 안에 두었어!'

석기는 떨리는 맘으로 책가방을 열어 보았어요.

"이, 이럴 수가!"

놀랍게도 가방에는 정말로 혜진이한테 받은 편지가 들어 있었어요.

'박물관 밖으로 나가면 그때 읽어 봐.'

그렇게 말하던 혜진 낭자의 목소리가 아직도 귓가에 생생했어요. 석기는 침착하게 편지를 꺼내 읽어 내려갔어요.

> 유물들과 함께한 나들이는 어땠어?
> 우리는 널 만나 정말 즐거웠는데.
> 지루해하지 않고
> 호기심 있게 바라보는 눈망울이 우릴 행복하게 하거든.
> 혹시 내가 보고 싶으면 탑 둘레를 일곱 번 돌아 봐.
> 내가 보일 거야!   - 혜진

편지 끝에는 혜진이의 수장이 그대로 찍혀 있었어요. 석기는 편지를 고이 접어 넣고는 후들거리는 다리로 겨우 탑 둘레를 돌았어요.

한 바퀴, 두 바퀴, 세 바퀴…….

혜진이가 말한 대로 일곱 바퀴를 다 돌았어요. 그때였어요. 정말 기적처럼 혜진이가 눈앞에 서 있었어요. 석기는 너무나 반가운 마음에 큰 소리로 외쳤어요.

"혜진아!"

그러자 곧이어 낯익은 목소리가 들려왔어요.

"석기 쟤, 저기 있어!"

"야! 구석기, 한참 찾았잖아."

눈을 비비고 보니 거기에는 아이들과 선생님이 서있었어요. 물론 그 가운데에는 같은 반 친구 혜진이도 서 있었지요. 모두들 사라진 석기를 찾느라 야단법석이었대요.

"너 찾느라 박물관 구경도 제대로 못했잖아."

친구들이 꿀밤을 한 대씩 먹였어요. 선생님도 이제야 마음을 놓았다는 듯 긴 숨을 내쉬었어요.

석기는 요즘 다시 춤 연습을 하고 있어요. 혜진이한테 춤 실력을 선보일 날이 언제 올지 아직은 알 수 없지만 말이에요.

그리고 그날 뒤로 딱 하나 바뀐 버릇이 있어요. 바로 박물관에 자주 놀러 간다는 사실이에요. 박물관 비밀의 문이 언제 또 열릴지 모르니까요.

국립중앙박물관에 있는
그 밖의 주요 국보와 보물

청동팔령구

국보 143-2호. 청동기 시대. 큰 지름 12.3센티미터. 방울 지름 2.6센티미터. 전라남도 화순군 도곡면 대곡리 영산강 구릉 청동기 시대 무덤 유적에서 나온 유물이에요. 8각형 별 모양에, 모서리에는 방울이 달려 있어요. 방울 안에 청동 구슬이 들어 있어 흔들면 소리가 나지요. 청동기 시대 제사를 지낼 때 부족장이나 무당이 쓴 물건이 아닐까 짐작하고 있어요.

금동 미륵보살 반가사유상

국보 78호. 6세기 말 삼국 시대. 높이 83.2센티미터. 국립중앙박물관은 물론 우리나라 모든 박물관 유물을 통틀어서도 가장 훌륭한 작품으로 평가 받는 불상이에요. 발견된 곳이 확실하지 않아 신라 또는 고구려에서 만든 것이 아닐까 짐작하고 있어요. 살짝 올라간 눈꼬리에 오뚝한 콧날, 입가에 머금은 신비로운 웃음이 보는 이를 빨아들이는 것만 같아요. 머리에 쓴 보관과 목걸이, 팔찌 같은 장신구가 불상의 화려함을 더하고 있지요.

'금동'은 불상의 재질을 말하는데, 구리로 만들어 겉을 금으로 도금했다는 말이에요. '미륵보살'은 불교에서 다음 세상에 나타날 것으로 믿는 부처를 말하고, '반가사유상'은 한쪽 다리를 다른 쪽 다리 허벅지에 올려놓고 앉아 생각에 깊이 빠져 있는 상이란 뜻이에요.

금동 미륵보살 반가사유상

국보 83호. 7세기 삼국 시대 후기. 높이 93.5센티미터. '금동 연화관 사유상' 또는 '삼산 반가사유상'이라고도 해요. 국보 78호 반가사유상과 함께 우리나라를 대표하는 불상으로 다른 나라에도 아주 널리 알려져 있지요. 위에는 옷을 걸치지 않았고 목에 두 줄짜리 목걸이가 있을 뿐 아무런 장식이 없어요. 다리에 걸친 치마 자락도 매우 얇아 몸의 굴곡이 그대로 드러나 있지요. 머리 뒷부분에 긴 촉이 달려 있어 원래 동그란 광배가 달려 있었음을 알 수 있어요. 국보 78호 반가사유상과 견주어 수수하고 차분하지만 한층 더 숭고한 느낌이 들어요.

현화사 석등

국보 104호. 고려 현종 10년(1020년). 높이 4.2미터. 경기도 개성 현화사 터에 있다가 1911년 서울로 옮겨 왔어요. 보통 석등이 팔각인 것에 견주어 이 석등은 사각으로 되어 있는 것이 특징이지요. 불발기집(석등에서 불을 밝히는 곳)에 세운 작은 기둥 네 개는 석등 밑의 큰 받침 기둥을 그대로 작게 줄인 모양이에요. 당당하면서도 세련된 아름다움을 뽐내는 이 석등은 한창 문화의 힘을 키워 가던 11세기 초 고려의 모습을 잘 나타내고 있어요.

청자 칠보 투각 향로

국보 95호. 12세기 고려 시대. 높이 15.3센티미터. '향로' 란 향을 피우는 자그마한 화로를 말해요. 이 향로는 뚜껑에 구멍을 숭숭 뚫어 놓아 화로에서 피어 오른 향이 골고루 퍼질 수 있게 했어요. 뚜껑 아래 몸통 위쪽이 향을 피우는 화로인데, 잎맥까지 섬세하게 나타낸 국화 잎으로 화려하면서도 단정하게 싸여 있어요. 몸통 아래 향로 받침은 앙증맞게 생긴 토끼 세 마리가 등으로 떠받들고 있지요. 자세히 보면 토끼 눈에 검은 점을 찍어 생동감을 더했어요.

청자 거북 모양 주전자

국보 96호. 12세기 고려 시대. 높이 17센티미터. 밑지름 10.3센티미터. 연꽃 위에 앉아 있는 거북 모양으로 만든 주전자예요. 물이 나오는 거북의 얼굴과 목은 수염, 갈기, 이빨, 비늘이 정교한 솜씨로 표현되어 있고 이마엔 뿔도 달려 있어요. 그래서 그런지 거북이 아니라 늠름한 용의 얼굴을 보는 듯한 느낌이 들지요? 등 뒤로 연꽃 줄기 모양을 꼬아 붙여 주전자의 손잡이가 되게 했어요. 국보 95호 '청자 칠보 투각 향로' 와 함께 고려청자의 화려함을 가장 크게 꽃피운 전라남도 강진에서 만든 것으로 보고 있어요.

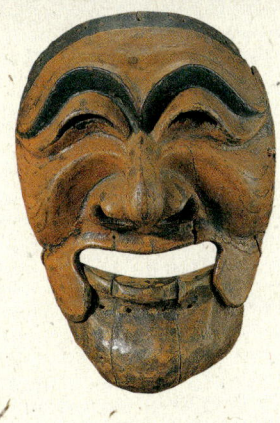

하회탈

국보 121호. 고려 중엽 무렵. 경상북도 안동군 하회마을에 전해 내려오는 하회 별신굿 탈놀이에 쓰이는 양반탈이에요. 오늘날 유물로 남아 전해지는 옛날 하회 탈은 열한 개인데, 이들과 이웃 병산마을에 전해 내려오는 병산탈 두 개를 더해 모두 열세 개를 묶어 국보 121호로 지정했어요. 보통 다른 지방의 탈이 바가지나 종이로 만들어서 오래 남아 있는 것이 없는 것에 견주어, 하회탈은 오리나무로 만들어 그 위에 옻칠을 두 겹 세 겹으로 칠했어요. 사진을 자세히 보면 턱이 따로 조각되어 있어서, 아래턱을 끈으로 달아 놀이할 때 움직일 수 있게 했어요.

보신각종

보물 2호. 조선 세조 14년(1468년). 높이 3.18미터. 입지름 2.28미터. 무게 19.66톤. 오늘날 서울 탑골공원 자리에 있던 원각사에 걸려 있던 종이에요. 절이 없어진 뒤 숭례문으로 옮겼다가, 다시 선조 30년(1597년)에 오늘날 명동성당 자리에서 가까운 명례동현으로 옮겨져 파루(오전 4시)에 서른세 번, 이정(오후 10시)에 스물여덟 번을 울려 도성의 문을 여닫는 일과 하루의 시각을 알리는 데 쓰였어요. 1985년까지는 서울 종로 보신각에서 새해를 맞이할 때마다 울리는 종으로 쓰이다가 국립중앙박물관으로 옮겨 보호하고 있지요. 오늘날 보신각에 걸려 있는 종은 통일신라 성덕대왕신종(에밀레종)의 복제품이에요.

백자 철화 끈 무늬 병

보물 1060호. 15~16세기 조선 시대. 높이 31.4센티미터. 철분이 들어 있는 밤빛 흙을 물감 삼아 붓으로 끈 무늬를 생동감 있게 그려 넣은 백자 병이에요. 잘록한 병 목에 한 가닥 끈을 휘감아 살짝 묶고, 그 끈을 자연스럽게 늘어뜨려 끝에서 둥글게 말아 마무리한 솜씨가 조선 시대 백자 사기장의 힘을 그대로 전해 주는 것 같아요.

달 항아리

보물 1437호. 17~18세기 조선 시대. 생긴 모양이 둥근 보름달을 닮았다고 해서 '달 항아리'라고 말하는 백자예요. 17세기 말에서 18세기까지 널리 만들어진 이 항아리는 별다른 꾸밈 없이도 소박하고 넉넉한 아름다움을 뽐내서 오늘날에 와서 더 큰 인기를 끌고 있지요. 이 항아리는 크기가 커서 한 번에 만들기가 어려워 큰 대접 두 개를 빚어 그 두 대접을 잇대어 붙여 만들어야 해요.

김홍도 〈서당〉

보물 527호. 18세기 말 조선 시대. 크기 27X22.7센티미터. 김홍도(1745~?)의 『단원풍속도첩』에 실려 있는 그림으로 서당에서 글공부하는 아이들의 모습을 재미있게 엮어냈어요. 글을 못 읽어 훈장님께 야단을 맞았는지 한 아이가 대님을 다시 묶으며 훌쩍거리고 있어요. 그 모습이 귀여워 보였는지 훈장님은 지그시 웃음을 머금고 있지요. 장가를 가서 갓을 쓴 아이, 머리를 따서 묶은 아이, 그냥 더벅머리를 한 아이가 골고루 섞여 있는 모습에서 18세기 말 서당 모습을 짐작해 볼 수 있어요.

휴대용 앙부일구

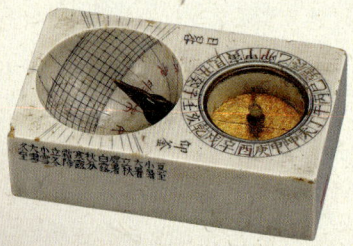

보물 852호. 조선 고종 8년(1871년). 가로 3.3센티미터. 세로 5.6센티미터. 두께 1.6센티미터. 해시계는 조선 세종 때 처음 나온 뒤 조선 시대 말까지 꾸준히 만들어졌어요. 궁궐이나 관청이나 큰길 그리고 때로는 양반들 집 마당에도 놓여 시간을 알려 주었지요. 이 해시계는 조선 시대에 만든 여러 해시계 가운데 가장 작은 시계예요. 말 그대로 주머니에 넣어 가지고 다닐 수 있는 '휴대용 시계'지요. 언제 어디서나 해시계를 일정한 방향으로 놓을 수 있게 나침반도 달려 있어요.